발행 배포_ 에잇애플㈜

First published and distributed by 8apple ltd.

GARM magazine

에잇애플 주식회사
06580 서울특별시 서초구 서래로6 B102
T: 02-537-1536
F: 02-537-1532
E-mail: info@8apple.kr
garm.8apple.kr
○ garm_magazine

감11 조명
GARM ISSUE 11
LIGHTING

초판 1쇄 발행 2019년 3월 14일
초판 4쇄 발행 2025년 1월 24일

발행인_ 윤재선
편집장_ 심영규
에디터_ 정신오, 정경화 ㅣ 디자인_ 그래픽스튜디오베이스
사진_ 이수연 ㅣ 교정·교열_ 하명란 ㅣ 감수_ 이온에스엘디(주)

발행처_ 에잇애플㈜
출판등록_ 2017. 4. 14.(제2017-000078호)
ISBN 979-11-89485-07-8 ㅣ ISBN 979-11-89485-05-4(세트)

GARM

감 매거진
열한 번째 재료
조명

LIGHTING

garmSSI

건축하는 부끄러움

잘못된 입시교육과 무지한 대학의 교육과정에 얽혀 시작된 나의 건축 인생은 아직도 그 실타래를 풀지 못하고 있다. 아마 평생 풀지 못할 거란 생각이 지배적이다. 하지만 여전히 대부분의 일상은 건축과 함께한다. 여기서 나의 고백이 시작된다.

생각해보면 내 건축의 잘못된 시작은 원론적인 탐구와 깊이 있는 배움에는 무관심한 입시교육이 만들어 낸 산물이다. 건축이 뭔지 모르는 상태에서 전공과 직업으로 택한 것이 부끄러움의 시작이다. 해외 매체에서 접하던 르 코르뷔지에Le Corbusier, 알바 알토Alvar Aalto 그리고 알바로 시자Alvaro Siza 등 스타 건축가의 겉모습에 취해 이들을 동경하던 명예욕은 건축을 정면으로 겪으며 보내야 할 시간을 앗아간, 내 두 번째 부끄러움이다. 본질을 벗어난 내 일상은 헛바퀴 도는 듯했다. 건축을 하면 할수록 미궁에 빠져드는 모습에 그 부족함이 무엇인지 깨닫지 못하는 나 자신은 아직도 그 자리 그대로다. 여기서 세 번째 부끄러움을 느낀다.

멋에 치우쳐, 진정성 없이 만들어진 공간 곳곳에서 층층이 쌓인 내 부끄러움을 발견한다. 연구하여 만들고 재창조하는 태도 없이 설계하고 감리한 공간에는 무던함의 '나태', 모름의 '무지', 그리고 이 정도면 될 거라는 '적당'이 뒤섞여 있다. 본질을 유지하면서 시대에 유연하게 적응해 나가는 시대정신은 찾을 수 없다.

그렇다고 경제적으로 성공했는가? 직원들에게 급여를 지급할 때도, 외주 업체의 용역비를 깎을 때도 부끄러움이 피부병처럼 몸속 깊은 곳에서 스멀스멀 올라옴을 느낀다. 건축의 본질을 알려 하지 않았음에 얼굴이 뜨겁고, 또 지혜를 온전히 전해줄 수 없음에 부끄럽다. '나는 왜 아직도 건축하고 있는가'란 스스로의 질문에 답하지 못하며 자존감마저 떨어져 그렇게 나는 어설픈 건축가가 되어 있었다.

건축의 본질과 공간을 만드는 것의 의미, 그리고 시간을 허비하지 않고 인생의 실수를 줄이는 방법에 대해 고민해 본다. 나뿐만 아니라 건축을 하고자 하는 다른 이들에게 좋은 환경을 희망해 본다. 건축의 본질을 볼 수 있고 건축의 행위를 통해 서로의 역량을 나눌 수 있고, 후배들을 양성하며 사회에 기여할 수 있는 생태계를 구상해 본다. 수많은 분야로 나누어져 있는 건축 정보를 통합하여 시각이 다른 이들이 객관적인 과정을 통해 서로가 관계되어 있음을 알 수 있는 건축 환경을 그려본다.

이 책은 실무를 하며 실질적으로 필요했던 재료의 선택, 가공, 제작, 유통 등 부족함을 잡아줄 내용을 추려보고 독자에게 영감을 주고자 기획했다. 경제적인 욕심과 근심에 눈이 가리곤 하지만, 다시 본질에 충실하고자 다짐한다. 이렇게 시작은 미비하지만 일단 시작했으므로 그다음이 있음을 기대한다. 내가 느끼는 부끄러움이 눈을 뜨게 하는 원동력이 되기를 바라며 감 매거진의 새로운 시리즈를 선보인다.

_

2019년 3월
발행인 윤재선

공간을 채우는 인공의 불

조물주가 천지를 창조할 때 가장 먼저 빛으로 낮과 밤을 구분했다. 마찬가지로 인간은 조명으로 공간의 밝고 어두움을 구분한다. 그러나 마치 공기처럼 우리는 조명의 소중함을 잊고 있다. 조명을 알아가는 6개월은 아쉬움의 연속이었다. 광원을 생산하는 산업은 꺼져가는 불씨처럼 이미 생기를 잃었고, 조명기구 시장은 모사품이 대부분이라 한국의 주거 환경에 맞는 제품을 기대하기 어려웠다. 빛으로 공간을 풍요롭게 만드는 조명 디자이너는 반짝이는 작업과 반대로, 존재감 없는 그림자처럼 인식되기도 했다. '켜고 끄는 행위로 빛을 조절하는' 정도로 생각하는 조명은, 사실 조도, 색온도, 조명 방식, 통제 시스템 등 수십 가지의 고려 사항과 수백 번의 고민을 거쳐 계획한다.

감 매거진의 열한 번째 시리즈인 조명 편은 두 가지 메시지를 전한다. 첫 번째는 빛을 활용하는 방법에 대한 안내다. 일찍이 공간의 용도에 맞게 조명을 배치했던 서양과 달리 우리나라는 아파트라는 획일적인 주거 문화에 맞춰 건설사에서 빌트인 옵션으로 조명을 제공했다. 자연스레 천장등이라는 일률적인 방식이 공간을 장악했지만, 이에 대해 깊이 고민하거나 바꾸려고 하지 않았다. 개인의 취향을 중요시하는 최근에서야 조금씩 주목받고 있지만, 기본적인 조명 안내서조차 빈약한 실정이다. 2장에서는 필요에 맞는 빛의 조건과 공간에 어울리는 조명 방식, 설치 방법 등 조명에 쉽게 접근할 수 있는 기본 상식을 안내한다. 이번 책을 준비하며 가장 많이 들었던 "좋은 조명을 추천해 달라"는 질문에 대한 답이기도

하다. 또 국내에서 직접 제품을 디자인하고 효율적으로 사용할 수 있도록 돕는 조명 회사도 취재했으니 참고하자.

두 번째는 조명 계획이라는 분야에 대한 소개다. 조명디자이너는 건축가가 계획한 공간에 맞게 조명의 콘셉트를 정하고 조율해 한층 풍성한 공간 경험을 끌어낸다. 3장에서는 빛을 계획하는 과정과 조명을 계획하면서 고려해야 할 점을 짚는다. 또 건축물과 도시의 빛을 계획하는 조명 회사를 만나 국내 조명 산업의 현재를 되돌아보기도 했다. 조명을 전기의 일부로 간과했을 누군가가 있다면 다시금 생각해볼 기회다.

조명은 마감재지만 목재나 석재처럼 재료 자체의 아름다움을 드러내기보다는 벽과 바닥을 비추며 공간을 돋보이게 하는 '조연' 같은 존재다. 조명의 중요함을 크게 인지하지 못하는 것도 이 때문일 것이다. 그러나 지랩의 박중현 대표는 "암흑의 공간을 지배하는 것은 결국 빛"이라고 말한다. 빛이 없는 공간은 상상조차 할 수 없다. 이미 조명은 공간뿐 아니라 건강과 작업 환경 등 생활 전반에 깊이 뿌리내리고 있다. 인간이 만든 불, 조명은 예상보다 더 큰 역할을 하고 있다. 오늘 당신의 집과 업무 공간에서 조명을 다시 한번 켰다 꺼보자. 당신의 공간이 더욱더 풍요롭게 빛날 수 있도록.

_

책임에디터 정신오

가구 주변으로 공간 분리형 조명을 배치하면 작업의 효율성을 높이고
색다른 분위기를 연출할 수 있다.

뉴욕의 타임스 스퀘어는 늦은 밤에도
형형색색의 전광판이 거리를 밝혀 환하다.

홍콩 빅토리아 피크의 야경.

파리의 야경. 도로의 경관조명을 통해 파리의
도로망과 도시 체계를 한눈에 볼 수 있다.

1

STORY OF
LIGHTS

Light
and
Lighting

빛과 조명

본다는 것은 곧 빛을 감지하는 것이다. 램프, 즉 조명은 횃불을 뜻하는 그리스어 '람파스lampas'에서 유래된 단어로 어두운 밤에도 환한 낮처럼 생활하고 싶은 인간의 욕망에서 시작된 발명품이다. 조명 덕에 우리는 빛 속에서 하루를 시작하고 마친다. 일상을 밝히는 빛, 그 시작과 현재 그리고 미래를 알아보자. 글 정신오

빛의 기원

고대 이집트에서는 태양의 신 라Ra를 신들의 왕이자 모든 존재의 아버지로 숭배했고 최고 통치자인 '파라오'를 라에게 점지되어 지상으로 내려온 신의 후손으로 섬겼다. 성경에서는 하나님이 태초에 천지를 창조할 적에 가장 먼저 빛으로 낮과 밤을 만들었다고 전한다. 여러 신화에서 빛은 인류의 시작을 함께한 근원적인 존재로 여겨진다. 그런 까닭에 고대 기록과 유물에서는 빛을 탐구하는 흔적을 쉽게 찾을 수 있다. 기원전 3000년경 그리스의 수학자 유클리드Euclid가 저술한 『반사광학Catoptrics』은 대기와 파장이 다른 표면에서 빛이 튕겨 나오는 '반사'를 논했고 플라톤Platon은 『공화국Polateia』에서 물에 잠긴 물체가 수면에서 굽어 보이는 현상을 통해 '회절'을 이야기한다.

17세기부터는 광학이라는 학문을 통해 본격적으로 빛을 연구하고 응용하기 시작한다. 영국의 화학자 로버트 훅Robert Hooke은 얇은 막에서 파도치듯 발생하는 불규칙한 곡선 무늬를 보고 빛이 입자가 아닌 파동임을 주장했다. 아이작 뉴턴Isaac Newton은 프리즘 실험을 통해 빛이 다양한 색을 가지며 색에 따라 파장의 길이가 다르다는 것을 증명해 파동설에 힘을 보탰다. 1608년 네덜란드의 안경제작공인 한스 리퍼세이Hans Lippershey는 볼록렌즈와 오목렌즈를 평행하게 겹치면 사물이 크게 보인다는 것을 발견하고 금속 파이프 안에 렌즈를 삽입해 망원경을 만들었다. 렌즈로 빛을 모으면 사물이 크게 보이는 원리로, 구의 직경이 클수록 더 멀리 내다볼 수 있다. 이후 이탈리아의 과학자 갈릴레오 갈릴레이Galileo Galilei는 이를 바탕으로 직접 망원경을 제작해 천문 현상을 관찰하기도 했다.

빛은 과학뿐 아니라 예술에도 지대한 영향을 끼친다. 사물을 보이는 그대로 그리고자 했던 서양에서는 외형뿐 아니라 광원에 의해 자연스럽게 생기는 명암을 재현하는 데 심혈을

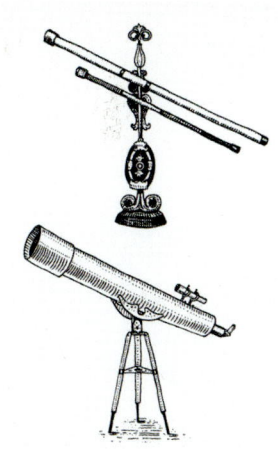

△△ 고대 이집트에서는 태양의 신, 라를 신들의 왕이자 모든 존재의 아버지로 숭배했다.
△ 이탈리아의 과학자 갈릴레오 갈릴레이는 직접 망원경을 제작해 천문 현상을 관찰하기도 했다.

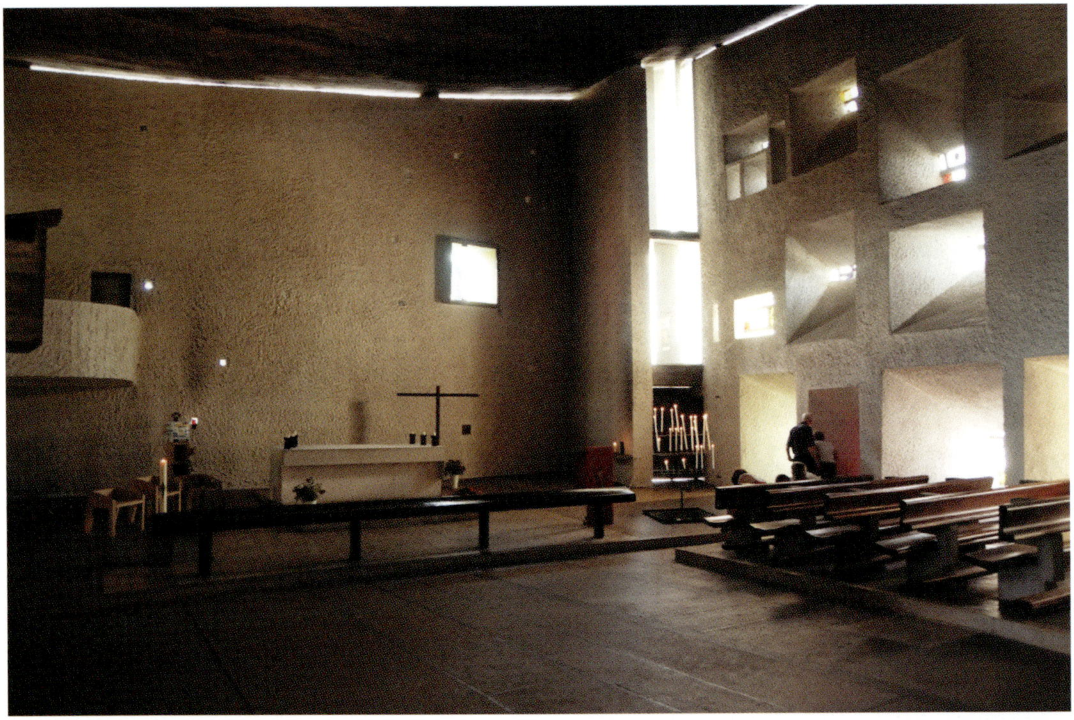

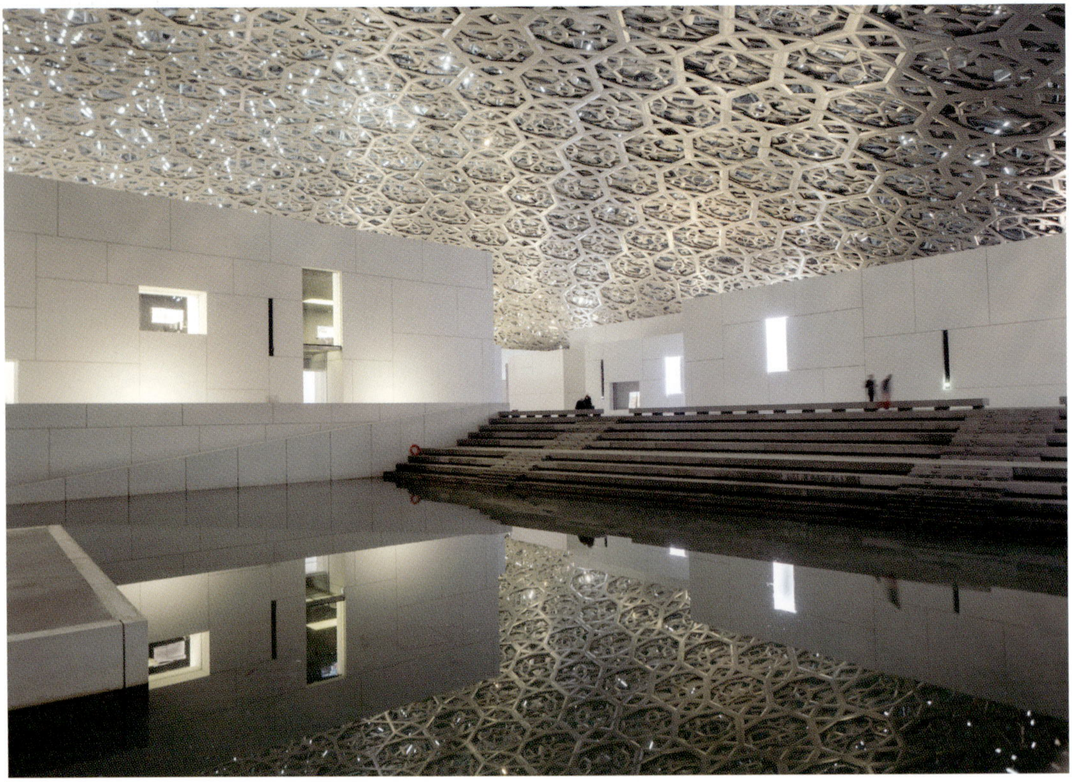

©smoxx / Shutterstock.com

△△ 르 코르뷔지에가 설계한 롱샹성당. 벽을 1.5~4.5m로 두껍게 계획해 빛이 실내에 퍼지도록 했다.
△ 건축가 장 누벨은 루브르 박물관 아부다비 분관의 지름 180m 돔형 지붕에 틈을 내 자연의 빛이 실내에 스며들도록 했다.

기울였다. 음영법은 2차원의 평면에서 빛과 어두움을 표현해 3차원을 재현하도록 했고 서양 회화의 핵심 기법으로 자리 잡는다. 이후 르네상스 시대에 본격적으로 사용되기 시작해 19세기 사실주의와 20세기 인상주의에 중요한 조형 요소로 활용됐다.

건축에서는 재료의 질감을 부각하고 공간에 입체감을 극대화한다는 점에서 중요하게 고려했다. 특히 종교건축에서 성스러운 분위기를 내기 위해 빛을 자주 활용했다. 르 코르뷔지에Le Corbuisier 는 롱샹성당Colline Notre-Dame du Haut, 1954의 벽을 1.5~4.5m로 두껍게 계획하고 안으로 향할수록 개구부가 커지도록 해, 빛이 실내에 퍼지도록 설계했다. 일본의 건축가 안도 다다오Ando Tadao 는 빛의 교회Church of Light, 1999에서 예배당 정면의 벽에 수직, 수평으로 직선의 개구부를 내 빛으로 십자가를 만들기도 했다. 그밖에도 많은 건축가가 빛을 이용해 공간을 한층 풍부하게 계획했다. 특히 빛의 마술사로도 불리는 건축가 장 누벨Jean Nouvel은 여러 프로젝트를 통해 그 활용 방법을 끊임없이 연구했다. 그는 프랑스 파리 아랍 세계 연구소Institut du monde arabe, 1987의 입면에 이슬람 전통문양을 패턴화했고 각 모듈을 조리개 창으로 계획해 카메라 렌즈처럼 채광량을 조절했다. 또 루브르 박물관 아부다비 분관Louvre Abu Dhabi, 1987은 지름 180m의 돔형 지붕에 틈을 내 자연의 빛이 실내에 스며들도록 했다. 이 지붕은 아랍 문화 특유의 목조 격자 창살인 마슈라비아mashrabiya 양식에서 영감을 받아 만들어진 것으로, 기하학적인 개구부 사이로 비가 내리듯 빛이 쏟아지며 실내를 은은히 밝힌다.

조명의 발명

자연의 빛만으로 공간을 환히 밝힐 수 있다면 좋겠지만 자연광은 계절과 날씨, 시간에 따라 변화가 크다. 밤이 되면 다시 어둠이 이 세계를 지배한다. 그래서 인류는 시간과 날씨, 계절에 관계 없이 빛을 공급할 수 있는 인공조명을 개발한다. 최초의 인공광은 체온을 유지하고 취사를 위해 피웠던 모닥불이다. 모닥불은 기원전 7만 년경 돌에 홈을 내고 동물의 기름을 적신 이끼를 채워서 불을 피우는 이동식 횃불, 램프로 발전한다. 근대에 이르러 석유가 들어오면서부터는 심지가 달린 병 모양의 램프가 나타났고 불을 밝히는 시간도 길어졌다. 이것이 1850년대 국내에 도입된 남포등으로 램프를 남포라고 부르던 것이 오늘날까지 전해지고 있다. 하지만 석유로 불을 피우던 램프는 부유층의 전유물이었다. 1789년

영국의 기계기술자 윌리엄 머독Wiliam Murdock이 가스등을 발명한 후에야 중산층 가정에서도 밤을 환하게 보낼 수 있게 된다. 가스등은 석탄을 태우면서 발생하는 가스로 불을 피우는 원리를 이용해 연소 기체를 관으로 운반하고 끝에서 점화하여 빛을 밝혔다. 가스등이 중산층에게 보급되면서 야간 학교가 생겼고 교육을 받은 직업여성이 나타나는 등 사회, 문화적으로 많은 변화가 생겼다. 당시 램프보다 가격이 저렴했던 가스등은 영국을 넘어 프랑스 파리, 미국 백악관까지 밝혔다. 하지만 19세기 백열전구가 등장하면서 대체된다.

최초의 **백열전구**는 1808년 영국의 화학자 험프리 데이비Humphry Davy가 발명한 아크다. 두 개의 금속 막대를 붙였다 떼면 음극과 양극이 필라멘트로 연결되면서 전류를 형성해 빛을 냈다. 그러나 아크는 촛불 약 4,000개 정도의 빛으로 너무 밝아 실내에 사용하기 힘들었고 설비가 커 보편화되지 못한다. 우리에게 익숙한 백열전구가 등장한 것은 19세기 말의 일이다. 1879년 영국의 조셉 윌슨 스완Joseph Wilson Swan은 진공으로 된 유리구 안에 탄소 필라멘트를 넣은 전구를 발명했다. 아크와 비교하면 크기도 작고 설비도 간편했지만 직렬 방식이라 하나의 전구에 문제가 생기면 모두 꺼진다는 단점이 있었다. 그보다 1년 뒤인 1880년

파리 아랍 세계 연구소는 입면에 있는 이슬람 전통문양의 조리개창으로 실내의 채광량을 조절한다.

ⓒ한국전력공사 전기박물관

△△△ 1880년 백열전구와 발전기, 병렬 방식을 발명한
토마스 에디슨.
△△ 1887년 경복궁 건청궁에 최초로 설치된 전기 조명.
△ LED의 시작은 1920년 발광 다이오드를 발견한
때부터다.

토마스 에디슨Thomas Edison이 전구와 발전기, 그리고 병렬
방식을 개발하면서 전구를 발명한 사람으로 알려지게 됐다.
국내에서는 1887년 경복궁 안에 있는 건청궁에 최초로
설치됐다. 이후 필라멘트를 텅스텐으로 만들고 용수철
모양으로 감는 식으로 개량하면서 더 밝고 오래 사용할 수 있는
오늘날 전구의 모습을 갖춘다.

60년간 지속된 백열전구의 광원 독점시대는 1938년
GE General Electric사의 조지 인만George E. Inman이 **형광등**을
발명하면서 막을 내린다. 형광등은 제2차 세계대전 무렵
군사용으로 개발됐다. 백열전구보다 소비전력이 3분의 1
정도로 낮고 수명은 3,000시간으로 5~6배 길어 오래 사용할
수 있는 등 여러 면으로 효율적이었다. 전쟁이 끝난 후에는
일반 가정에도 보급되며 빠르게 퍼졌다. 하지만 형광등은 발광
과정에서 자외선을 방출하고 수은을 포함하고 있어 인체에
해롭다. 최근에는 형광등보다 수명이 길고 효율이 좋은 LED를
많이 사용하는 추세다.

LED[1]는 2010년 이후 보편화되며 최첨단의 상징으로
떠오르지만 그 태동은 100년 전으로 거슬러 올라간다.
1907년 영국에서 무선통신을 연구하던 연구원 헨리 조셉
라운드Henry Joseph Round는 무기재료에 전류를 가했을 때
발광하는 것을 발견한다. 백열전구와 형광등이 탄소로
이루어진 유기물에 열을 가해 빛을 냈다면 이 같은 발광
원리는 발열을 최소화하면서 실내를 밝힐 수 있다는 가능성을
열어주었다. 그러나 이 거대한 발견은 제품으로 발전하지
못했고 1920년 러시아의 전기과학자 올레그 로제프Olleg
Lossew가 라디오에 들어가는 다이오드[2]를 연구하면서 발광
다이오드의 시대가 열린다. 1962년 GE사의 닉 홀로니악Nick
Holonyak. Jr이 적색 발광 다이오드를 개발하고 30년에 걸쳐
녹색과 황색, 청색을 차례로 발명하면서 오늘날의 백색의 빛을
내는 LED가 탄생한다. 오랜 준비 기간을 거친 LED는 지금껏
개발된 조명 중 수명이 가장 길고 소비전력이 낮다. 건축뿐
아니라 TV와 같은 가전제품에까지 폭넓게 쓰이고 있다.

조명시장의 현재와 미래

프로메테우스의 불 이후 인류의 두 번째 불이라고 불릴
정도로 생활에 많은 변화를 준 백열전구는 2007년 진행된 G8
정상회담에서 탄소배출 저감을 위한 에너지 절약을 이유로
퇴출 권고 조치를 받았다. 국내에서는 2008년 12월 백열전구
퇴출 계획을 발표하고 2012년 1월부터 70W 이상 150W
미만, 2014년 1월부터는 25W 이상 70W 미만의 백열전구가

차츰 시장에서 퇴출됐다. 이후 빈자리는 LED로 빠르게 채워졌다. 수명이 긴 광원 덕에 소비자는 10년간 전구를 교체하지 않고 실내를 밝힐 수 있게 됐다. 하지만 역설적이게도 팔방미인 LED는 조명시장을 어둠으로 내몬 결정적인 원인이기도 하다. 광원에 대한 수요가 급격히 떨어지면서 과거 조명을 생산해 해외에 납품하던 공장은 모두 문을 닫았다. 고가의 생산설비를 설치하면서까지 수요가 떨어지는 제품을 생산할 이유가 없기 때문이다. 현재 국내에서 건축용 LED를 생산하는 회사는 서울반도체뿐, 몇몇 기업에서 가전제품용 LED를 만드는 정도로 산업 규모가 대폭 줄었다.

이제는 빛을 내는 광원보다 LED를 효율적으로 사용하기 위한 조명 기구의 경쟁이 본격적으로 시작됐다. 국내에서 시작해 해외에서도 인정받은 조명회사 알토ALTO는 반짝임을 줄인 NGR^Non Glare Reflector^을 선보이고 생체리듬에 맞춰 무선으로 빛을 조절할 수 있는 TUNO를 개발하는 등 자극적인 빛을 최소화했다. 2018년 LG이노텍은 빛의 파장을 제어하는 EP LED를 발표했다. 이는 망막의 상피세포를 손상시키는 활성산소[3])를 유발하는 415~455nm 파장을 줄이고 생리 기능을 활성화하는 465~495nm 파장을 늘리도록 조절한 것이다.

비록 광원에 대한 개발은 줄었으나 빛을 활용하기 위한 연구는 끊임없이 진행 중이다. 건강한 빛은 사무실과 주거 공간은 물론, 호텔, 병원, 공장과 같은 공간에서 더 광범위하게 사용될 예정이다. '전기'의 한 분야로 치부되던 조명의 시대는 끝났다. 앞으로는 필요에 맞게 조절하고 사용할 수 있는 '전자'로 한 단계 더 나아갈 것이다.

용어정리

1) LED: 발광 다이오드. Ga(갈륨), P(인), As(비소)를 재료로 하여 만들어진 반도체. 다이오드의 특성을 가지고 있으며, 전류를 흐르게 하면 붉은색, 녹색, 노란색으로 빛을 발한다.
2) 다이오드: 전류를 한 방향으로만 흐르게 하고, 그 역방향으로 흐르지 못하게 하는 성질을 가진 반도체 소자.
3) 활성산소: 호흡 과정에서 몸속으로 들어간 산소가 산화 과정에 이용되면서 여러 대사 과정에서 생성되어 생체조직을 공격하고 세포를 손상시키는 산화력이 강한 산소. 유해산소라고도 한다.

싱가포르 마리나베이에 위치한 공원 가든스 바이 더 베이의 슈퍼트리. 열대나무를 연상케 하는 이 수직 정원은 미디어 조형물로 관광객의 시선을 사로잡는다.

알아두면
좋은
조명 기초
상식

대부분의 소비자는 소비전력과 제품의 형태만 보고 조명을 구매한다. 광도나 조도, 휘도 등의 단어가 낯설어서다. 한국에너지공단은 2012년 LED 조명에 의무적으로 성능을 표기하는 제도를 만들어 조명의 광효율과 광속, 소비전력, 연색성, 색온도를 표기하도록 규정한다. 조명의 성능을 나타내는 여덟 가지 기초 상식을 통해 공간에 어울리는 조명의 조건은 무엇인지 되짚어 보자. 글 정신오

빛의 속살 적외선, 자외선, 가시광선

우리는 빛을 '눈부시게 하얗다'고 표현하지만 실제로 프리즘에 투과시키면 무지개색으로 나뉘는 것을 볼 수 있다. 파장의 차이에 따라 색이 분산된 것으로, 크게 붉은 계열의 적(赤)외선, 보라색 계열의 자(紫)외선, 그리고 그 사이의 가시광선 세 가지로 구분한다.

적외선은 파장이 780nm 이상으로 가장 길다. 자외선과 가시광선보다 열작용이 커 태양은 물론 생물과 사물의 열을 공간에 전달한다. 또 열에너지에 의해 파장이나 속도가 바뀌는데 이를 응용해 의학용이나 방범용으로 암흑의 공간에서 물체를 가시화하는 적외선 카메라가 개발되기도 했다.

파장이 380nm 이하로 짧은 자외선은 세균이 증식하는데 필요한 DNA를 파괴해 살균 역할을 한다. 의료 분야는 물론 농산물의 신선도를 유지하거나 옷을 청결하게 유지하는 등 다양한 곳에 활용되고 있다. 하지만 피부 침투력이 높아 오래 노출되면 세포가 손상돼 피부암을 유발할 수 있다.

실질적으로 사물을 보고 인지할 수 있는 것은 적외선과 자외선 사이의 파장을 가진 가시광선 덕이다. 가시광선은 380~780nm의 파장으로 태양에서 방출하는 빛의 양 중 가장 많은 범위를 차지한다.

광속Luminous Flux은 태양이나 전구와 같은 광원에서 방출되는 빛의 총량을 뜻한다. 단위는 루멘(lm)을 사용하고 값이 클수록 밝다. 하지만 빛은 모든 공간에 고르게 퍼지지 않는다. 광원과의 거리, 장애물에 따라 빛이 도달하는 양이 달라진다. 작업환경에 맞는 빛의 양을 확인하려면 조도를 봐야 한다.

조도는 특정 거리까지의 수평면에 도달한 빛의 양을 수치화한 것이다. 단위는 럭스(lx)를 쓰며 1lx는 1m 떨어진 거리에서 1lm이 도달했을 때의 값으로 촛불 한 개 정도의 밝기다. 한국산업규격(KSA 3011:1998)은 작업의 정밀도에 따라 적절한 조도값을 권장한다. A~K 등급으로 나누고 세밀함을 필요로 할수록 큰 값을 요구한다. 가령 잠을 자고 휴식하는 침실이 15~30lx라면 바느질이나 재단, 정밀 검사 등 세밀함을 필요로 하는 작업 공간에서는 1500~3000lx의 조도를 확보해야 한다. 작업에 적합한 조도값은 p.61에서 확인할 수 있다.

눈이 실감하는 밝기
광도와 휘도

조도가 단위면적당 도달하는 빛의 양을 나타낸다면, 광도와 휘도는 눈이 인지하는 밝기다. **광도** Luminous Intensity 는 특정 방향으로 도달하는 빛을 수직이 되는 면에서 측정한 값을 뜻한다. 빛의 세기를 측정하거나 서로 다른 광원을 비교할 때 사용한다. 단위는 칸델라(cd)를 쓴다.

휘도 는 광도와 표면에 반사된 빛을 포함한 값으로 밝기를 가늠할 수 있는 척도다. 단위는 cd/m²를 쓴다. 휘도는 쓰임에 따라 적정량이 다르다. 가정에서 사용하는 조명은 휘도가 지나치게 높으면 눈부심을 유발해 활동이 어려울 수 있다. 하지만 TV, 모니터처럼 LED 패널로 투영된 빛이 화면에 반사되면서 상이 나타나도록 하는 가전제품은 반사되는 빛의 양이 많을수록 상을 선명하게 볼 수 있다. 따라서 가전제품의 디스플레이를 선택할 때는 휘도를 눈여겨봐야 한다.

경제적인 조명 선택하기
소비전력과 광효율

흔히 조명을 구입할 때 와트(W)로 제품을 구분한다. 와트는 **소비전력** 의 단위로 불을 밝히는 데 쓰이는 전력량을 뜻한다. 값이 작을수록 에너지가 적게 들고, 전기요금을 절감할 수 있어 경제적이다. 에너지 문제로 가정용 전구의 생산이 금지된 백열전구는 60W, 형광등은 4분의 1 정도인 15W다. 또 조명 시장을 빠르게 점유한 LED는 5~8W로 형광등보다도 절반가량 낮다.

자동차도 연비를 따지듯 조명 역시 경제성과 효율성을 꼼꼼히 따져볼 필요가 있다. 조명에서는 같은 전력일 때 어느 정도로 밝기가 차이가 있는지를 확인하는 **광효율** 을 신경 쓰자. 광효율은 소비전력당 방출하는 빛의 총량(광도)으로 단위는 lm/W를 사용한다. 몇 해 전부터 국가에서는 에너지의 양을 줄이기 위해 공공기관과 도로, 가로등의 조명을 LED로 교체하고 제품마다 광효율을 표기하도록 규정하고 있다.

색을 올바르게 인식하는 빛 환경
색온도와 연색성

색온도는 빛을 띤 사물의 색을 특정 온도에서의 태양빛에 비유해 수치화한 것이다. 온도의 표준단위인 켈빈(K)을 쓴다. 같은 조도여도 색온도에 따라 다른 분위기를 연출할 수 있으니 조명을 선택할 때 눈여겨보자.

 파장이 긴 주황색의 빛은 색온도가 낮고, 파장이 짧은 파란 계열의 빛은 색온도가 높다. 색온도는 하늘색에서 이름을 따 전구, 주백, 주광으로 나눌 수 있다. 해가 뜨고 40분 정도 후에 주황빛이 감도는 것을 전구색이라고 한다. 색온도는 약 2700~3000K다. 해가 뜨고 2시간 정도 지났을 때의 태양의 빛인 주백색(晝白色)은 노란기가 감도는 온백색으로 약 3000~5000K다. 정오의 태양색을 닮은 주광색(晝光色)은 푸른기가 도는 냉백색으로 5000~6000K다. 6500K을 넘으면 눈 건강에 해로워 가급적 피하는 것이 좋다.

매장에서 마음에 들었던 옷이나 가구를 구매했는데 집에서 보니 매장에서와 달랐던 경험은 누구나 한 번쯤 있을 것이다. 이는 색온도가 서로 다른 장소에서 제품을 보아서 나타난 현상이다. 조명이 물체의 색감에 영향을 미치는 것을 **연색성**이라고 한다. 사물 고유의 색은 정오의 태양광, 즉 5000~6000K의 빛에서 보았을 때를 기준으로 하고, 1~100까지 연색지수CRI, Color Rendering Index 로 인공광원의 재현율를 나타낸다. 100Ra에 가까울수록 태양광에서 본 사물의 색과 가깝고, 눈도 편하다. 일상에서 일반적으로 사용하는 조명의 연색 지수는 각각 형광등이 75Ra, 백열등, 할로겐 램프가 80Ra 이상이다.

광원의
선택

처음 백열전구를 발명했을 당시 독일 역사학자 에밀 루트비히^{Emil Ludwig}는
"프로메테우스가 불을 건네준 후 인류는 두 번째 불을 발견했다"고 말했다. 그로부터
1세기가 조금 넘은 지금, 네 번째 불, LED의 시대가 도래했다. 백열전구부터 LED까지
빛을 내기 위해 여러 시도가 있었고, 발광 방식도 온도방사와 방전, 전계발광 등으로
다채로워졌다. 각 광원의 종류와 특징을 살펴보자. 글 정신오

광원의 다양한 발광 원리

온도방사는 에디슨이 발견한 전구로, 탄소에 열을 가해서 빛을 낸다. 방전은 전자가
에너지를 외부로 방출하면서 기체 가스와 충돌해 빛을 내는 방식이다. 형광등과 고강도
방전등이 대표적이다. 최근 가정이나 사무실은 물론 가전제품에도 쓰이는 LED 램프는
전류를 가했을 때 전자가 반대 성질의 전자수용물질과 결합하며 발광하는 원리다.

전구형

촛대형

촛불형

백열등

빛을 내는 필라멘트, 필라멘트를 지지하는 유리관, 진공 상태를 유지하기 위한
유리구로 구성된다. 필라멘트에 전류를 흘려보내면 열이 발생하고 탄소가 산화되면서
빛을 낸다. 현재 대부분의 업체에서 생산을 중단했다.

　　형태는 에디슨이 발명했을 초창기의 원형의 전구형과 촛불형, 촛대형이 있다. 국내
유일 백열전구 생산업체인 일광전구에서는 유리구나 필라멘트의 모양을 달리한
제품을 선보이기도 한다.

구분　백열등은 나사를 돌리듯 소켓을 회전해 고정하고 소켓의 직경에 따라 제품을
구분한다. 규격은 에디슨의 첫 글자를 따 E로 표기한다. 가장 일반적으로 쓰이는
백열전구는 26mm의 E26이고, 그 밖에 E12, E14, E17, E39가 있다.

성능　빛은 3000K 정도로 따뜻하다. 하지만 수명이 1,000~1,500시간으로 짧고
발열이 심하다. 산화된 탄소는 유리 표면에 검은 그을음을 남긴다. 과거에는 가정에도
쓰였으나 지금은 장식용으로만 사용한다.

전구형

직관형

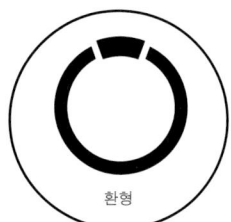

환형

회오리형

더블U형

U형

형광등

유리관과 텅스텐의 전극으로 이루어진다. 유리관에는 아르곤가스와 수은이 채워져 있고 내부 면에는 형광물질이 도포돼 있다. 아르곤가스에 전기를 흘려보내면 수은이 짧은 파장을 발생시켜 자외선을 방출한다. 이 자외선이 관 표면의 형광물질 포스포Phospor를 통과하고 가시광선의 파장으로 바뀌면서 눈으로 볼 수 있는 빛이 된다. 삼파장, 오파장 램프 모두 형광등의 일종이지만 발광물질에 차이가 있다. 삼파장 램프는 유리관 내부에 녹색과 적색, 청색의 형광물질을 도포한 것으로 연색지수가 80Ra정도다. 오파장램프는 녹색과 적색, 청색은 물론 황색과 연두색을 더한 것으로 연색지수가 90Ra로 더 높다. 여러 색을 도포할수록 연색성이 좋아져 눈의 피로감을 줄인다.

형광등은 초기에 높은 전압을 걸어 점등한다. 초기의 고압을 그대로 방치하면 과전류로 유리관이 깨지고 전선이 녹을 수 있다. 때문에 안정기를 이용해 점등 후 전류를 일정하게 유지한다.

형태는 직관형FL, Fluorescent Lamp, 환형FCL, Fluorescent Circline Lamp, U형FPL, Fluorescent P Type Lamp, 전구형CFL, Compact Fluorescent Lamp이 있다. 과거에는 환형을 많이 사용했지만 현재는 직관형과 U형을 많이 쓴다.

구분 유리관의 직경에 따라 제품을 구분한다. 직경 16mm의 T5와 25mm의 T8이 가장 흔하다.

전구는 콘센트처럼 끝의 핀을 소켓 안쪽의 구멍에 꽂아 설치한다. 제품을 구매할 때는 핀 간격을 살펴야 한다. 핀 간격은 GU로 표기하며 GU 10, GU 5.3, GU 4 등이 있다. 핀타입 외에도 안정기가 내장된 콤팩트 타입이 있다. 형태는 백열전구처럼 나사형으로 돌려서 고정하는 소켓형과 환형등에 사용하기 위해 둥글게 처리된 곡선형태가 있다. 나사형은 전압과 직경만 맞으면 백열전구를 사용하던 곳에도 교체해 쓸 수 있다.

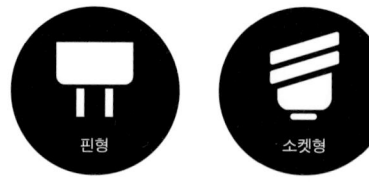

핀형   소켓형

콤팩트형

성능 색온도는 3000~6000K로 제품에 따라 다양하다. 수명은 6,000~12,000시간으로 백열전구보다 길다. 주거와 업무, 상업 공간 등 다양한 곳에 두루 쓰인다. 하지만 빛을 내기 위해 수은을 사용하고 발광 과정에서 자외선을 방출해 파손되면 위험하다. 반드시 지정된 곳에 버려야 한다.

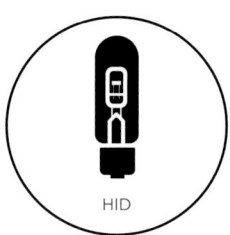

고강도 방전등, HID ^{High-intensity Discharge Lamp}

진공의 유리관 속에 고압을 걸면 방전하면서 빛을 내는 램프. 내부에 채워진 가스에 따라 종류가 다르다. 대표적으로 나트륨으로 방전하는 고압나트륨램프, 할로겐을 이용한 메탈할라이드가 있다. 나트륨 증기를 채운 고압나트륨램프는 적은 에너지로 밝은 빛을 낼 수 있어 효율이 좋고 수명이 길다. 하지만 전구색으로 주황빛이 강하다. 빛이 밝아 가정이나 업무 공간보다는 도로나 경기장에 쓰이는 옥외조명, 천장이 높은 공간에 적합하다. 나트륨, 요오드와 같은 할로겐 화합물을 채운 메탈할라이드 램프는 태양빛에 가까운 백색광을 띠어 연색성이 좋다. 스포츠 시설, 천장이 높은 공장의 내부처럼 넓은 공간, 사무실이나 홀에도 두루 쓰인다. 전구는 작지만 휘도가 강하고 형태에 따라 눈부심이 느껴질 수 있다. 한번 소등하면 다시 빛을 밝히는 데 시간이 걸린다.

성능 색온도는 3000~6500K로 제품에 따라 다르다. 주로 공장이나 스포츠 센터 등 넓은 공간이나 도로를 비추는 옥외용 조명, 길을 밝히는 차량 전조등으로 쓰인다. 채소와 꽃, 과일을 재배하는 온실에서 일사량이 부족한 시기에 자연광을 보충하기 위해 사용하기도 한다.

발광 다이오드, LED ^{Light Emitting Diode}

전기가 흐르면 음성의 전자가 반대 성질을 가진 전자수용물질과 결합하여 빛을 낸다. LED는 일체형과 교체형이 있다. 가정에서는 LED 일체형을 많이 쓴다. 일체형은 조명 기구 내에 LED 칩과 전원장치가 함께 내장된 제품이다. 일부가 손상되면 전체를 교체해야 하는 번거로움이 있다.

　기존의 형광등을 LED로 교체하기 위해서는 대대적인 공사가 필요하다. 형광등은 발광을 위해 초기에 큰 전압을 걸고 안정기를 통해 전류를 일정하게 유지하는 반면 LED는 전압이 상승해도 일정한 소비전력을 유지해야 한다. 때문에 변환기^{converter}로 교류전압을 직류로 바꾸는 과정이 필요하다.

　안정기를 떼고 변환기를 설치하는 번거로움을 해소하고자 2013년 교체형 LED가 개발됐다. 교체형은 기존에 사용하던 백열전구, 형광등과 형태가 동일하고 변환기가 내장되어 있어 설치가 수월하다. 마트에서도 판매하니 쉽게 구입할 수 있다.

성능 수명은 4만 시간으로 기존의 조명 중 가장 길다. 자외선이 방출될 위험이 있는 형광등과 비교해 안전하고 소비전력이 적어 에너지효율도 우수하다.

눈을 피로하게 만드는 플리커 현상
플리커flicker 현상이란 빛이 빠르게 깜빡이면서 나타나는 어른거림이다. 육안으로 확인할 수 없지만 휴대폰 카메라로 조명을 비췄을 때 나타나는 검은 줄이 증거다. LED가 발광하기 위해 교류를 직류로 변환하면서 빛의 밝기가 달라져 깜빡임이 두드러진 것이다. 플리커는 단순 깜빡임이 아니라 눈에 피로감을 주고 시력을 저하하는 유해현상이다.

Reportage

아날로그 빛과 트렌드의 조우

×

일광전구 김홍도 대표

2007년 개최된 G8 정상회담에서 지구온난화 방지를 위한 탄소감축 문제가 2012년 국내에서 본격적으로 쟁점이 됐다. 백열전구는 에너지 절감을 위해 조명 시장에서 단계적으로 퇴출됐다. 수명이 짧고 많은 전력이 소모된다는 이유다. 이러한 시장의 변화 가운데에서도 일광전구는 뚝심 있게 백열전구를 고집해 현재 국내에서 유일하게 제품을 생산한다. 다양한 종류와 디자인의 빛으로 소비자에게 친근하게 다가가는 일광전구의 신념을 들어보았다. 인터뷰 정신오

감씨(감): 조명시장에서 백열전구의 비중은 얼마나 되나?

김홍도(김): 현재 3% 정도로 정체돼 있다. 백열전구의 사용은 국가 정책과 연관돼서 앞으로도 크게 늘지 않을 것이다. 1950년대만 해도 백열전구는 최첨단을 상징했다. 1970~1990년 무렵에는 국내 대부분의 회사가 제품을 위탁생산하며 미국, 캐나다, 유럽에 납품했다. 하지만 중국 시장이 개방되면서 조명을 생산하는 회사가 손에 꼽을 정도로 줄었다. 수명이 긴 LED가 보급되고부터는 소비자가 조명을 접할 기회마저 줄어들어 백열전구 시장 자체가 붕괴됐다. 이제는 백열전구뿐 아니라 전구를 만드는 회사가 거의 없다. 외국도 마찬가지다. 형광등을 발명한 오슬람의 계열사 지멘스SIEMENS, 할로겐이나 특수 전구를 생산한 필립스PHILIPS 모두 현재는 조명 개발을 중단한 상태다.

일광전구 김홍도 대표.

감: 그럼에도 뚝심 있게 백열전구를 고집하는 이유가 궁금하다.

김: 효율성 문제로 백열전구의 전체 사용량은 많이 줄었지만 도리어 카페나 레스토랑 등에서 백열전구를 찾는 추세다. LED나 형광등과 비교해 수명이 짧고 효율이 떨어지지만 백열전구만이 갖는 고유한 빛의 느낌을 좋아하고 이를 공간에 담고 싶어서다.

200만 년에 달하는 인류의 역사 가운데 전기 조명을 사용한 것은 120년 정도로 매우 짧다. 그중 백열전구는 여러 면에서 최초의 인공광인 모닥불을 닮았다. 모닥불은 장작에 열을 가해 탄소를 산화시켜 발광한다. 에디슨은 이 원리를 바탕으로 탄화한 대나무에 전기를 연결하고 열을 발생시켜 빛을 냈다. 지금은 대나무 대신 탄소를 압착한 텅스텐을 이용하지만 모두 모닥불과 마찬가지로 탄소를 산화한다. 빛의 색 역시 모닥불과 유사하다. 우리는 감성을 자극하는 백열전구의 빛에서 가능성을 보고 꾸준히 생산한다.

카페나 레스토랑 같은 상업 공간에서도 아름답지만 개인적으로 가정의 식탁, 침대 옆에는 백열전구를 사용하길 권한다. 하루의 반 이상을 높은 주파수의 LED 아래서 보냈다면 적어도 밥을 먹거나 잠을 자기 전만큼은 눈도 휴식을 취했으면 해서다.

감: 일광전구는 제품을 시리즈로 분류해 소개한다.

김: 우리 회사에만 전구 종류가 300여 가지가 넘는다. 전구는 종류 만큼이나 쓰임새가 다양하다. 우리는 트렌드를 분석하고 소비자의 수요를 파악해 기존에 없던 형태의 새로운 제품을 제안한다. 그리고 사용자가 더 쉽고 정확하게 제품을 선택할 수 있도록 12가지 시리즈로 분류했다. D시리즈는 유리구를 기성품과는 다른 모양과 크기, 패턴으로 디자인해 전구 자체가 장식이 된다. K시리즈는 일반 제품보다 크기가 작은 크립톤 전구로 여러 개를 다양한 방식으로 배치해 사용할 수 있다.

내년에는 실용적인 면에 집중한 '푸드 전구'를 출시할 예정이다. 패스트푸드점이나 뷔페에서는 음식의 열을 유지하기 위해 백열전구를 쓰는데 과도한 열로 유리구가 깨지면 음식에 떨어질 수 있어 위험하다. 우리는 1970년대 유리구를 생산했던 경험을 바탕으로 표면에 실리콘을 코팅한 음식 전용 푸드 전구를 개발했다. 안전유리와

한때는 백열전구의 모든 부품을 생산했지만 현재는 해외에서 부품을 수입하고 대구 공장에서 조립만 한다.

마찬가지로 파손돼도 파편이 음식에 떨어지지 않는다.

감: 그중 대표 제품은 무엇인가?

김: 에디슨 전구의 초창기 모습을 복원한 클래식 C시리즈는 일광전구의 정체성을 드러내는 제품이다. 백열전구의 아날로그적 매력을 살리고자 투명한 유리구에 필라멘트를 그대로 노출한 것이 특징이다. 필라멘트는 오래된 전축의 진공관처럼 산업 초기 제품의 부품에서 영감을 받아 디자인해 빛을 내는 요소가 하나의 오브제가 되도록 했다. 2015년 겨울에는 크리스마스트리 모양의 전구를 제작하기도 했다.

감: 불어서 형태를 만드는 블로잉 방식으로 유리구를 제작해 수작업의 매력도 있다.

김: M시리즈Master Series는 유리구를 대량으로 틀에 찍어서 만들지 않고 중국의 유리 장인이 제작한다. 900℃에서 원료를 녹여 유리물을 만들고 스테인드글라스와 같은 원리로 특수 금속을 사용해 색을 냈다. 용해로의 온도를 조금만 잘못 조절해도 색이 탁해져서 12시간 섬세하게 온도를 제어한다. 색이 고르게 섞인 용해물은 대롱에 묻히고 바람을 부는 블로잉 방식을 거쳐 부피감을 갖는다. 부풀어 오른 유리는 틀에 넣고 돌리면서 굳힌다. 공정이 복잡하고 제작 후 판매할 수 있는 양이 70%로 손실률도 높지만, 기존과는 다른 독특한 분위기를 내고자 수작업을 택했다.

감: 중국에서 제작하는 이유가 있나? 전문적인 과정 때문인가?

김: 블로잉 방식뿐 아니라 관련된 부품을 생산하는 업체가 국내에 남아 있지 않다. 백열전구의 생산과 수입이 중지되면서 제품을 생산하는 곳이 사라졌다. 유리구와 유리관, 필라멘트의 금속까지 모든 부품을 국내에서 조달할 수 없다. 우리도 한때는 직접 생산했지만 지금은 해외에서 제작한 제품을 가져와 대구 공장에서 조립만 한다. 유리구는 중국과 우크라이나, 유리관은

△△△ 기성품과는 다른 모양과 크기,
패턴으로 디자인한 D시리즈.
△△ 특수 금속을 사용해 색을 내고 블로잉
방식으로 제작한 M시리즈.
△ 백열전구의 필라멘트를 그대로 노출해
공간을 밝히도록 디자인된 일광전구의 조명
기구.

태국, 일본, 네덜란드 등 부품마다 다른
나라에서 수급해서 만든다. 조명시장이
붕괴되니 조명을 구성하는 부품 공장이
사라지는 것은 당연한 순리다.

**감: 백열전구를 이용한 조명 기구도 직접
제작해 선보인다.**

김: 앞서 말했듯 백열전구 시장은 아주
작다. 과거에는 백열전구만으로 회사를
운영할 수 있었지만 지금은 그렇지 않다.
그래서 2년 전부터 백열전구를 위한
조명 기구도 직접 디자인하고 생산한다.
최근에는 전반조명으로 실내를 밝히고
부분적으로 포인트 조명을 사용하는
추세다. 포인트 조명은 펜던트와 스탠드가
있는데 국내에서는 펜던트가 대부분이다.
일광전구의 조명 기구는 백열전구의
필라멘트를 그대로 노출해 공간을 밝히는
동시에 오브제처럼 쓰인다. 유럽의 조명
브랜드 제품처럼 기능적인 면에 충실하진
않지만 소비자가 쉽게 조명에 접근할 수
있다. 백열전구의 매력을 드러내면서
일광전구만의 정체성을 보여줄 수 있는
조명 기구다.

**감: 인천에 쇼룸인 라이트하우스를
오픈했다.**

김: 을지로에서 판매하는 조명 기구는
대부분 브랜드 제품을 모사한 중국산이다.
1~2만 원대로 가격이 저렴하니 우리가
직접 디자인한 제품은 상대적으로
판매율이 떨어진다. 그래서 제품을
직접 보여주고자 쇼룸을 열었다.
라이트하우스에서는 일광전구의 모든
전구와 조명 기구를 볼 수 있다. C시리즈는
특별히 자판기를 제작해 음료수처럼 뽑을
수 있도록 만들었다. 라이트하우스 외에
드라마 촬영 세트장, 라이프스타일 편집숍
그라니트 등에서도 제품을 판매하며
소비자와의 접점을 늘리고 있다.

**감: 앞으로 백열전구를 알리기 위해 계획
중인 것이 있다면?**

김: 대량으로 생산해 저가로 판매하는
것은 대기업이나 가능하다. 중소기업은

소비자를 타깃으로 틈새시장을 노려야
한다. 우리는 일광전구가 오랫동안
만들고 사용해온 백열전구로 브랜드를
알리고자 한다. 현재 전구와 조명 기구,
밝기를 조절하는 디머 스위치를 개발해
백열전구의 보편화를 위한 단계를 차츰
밟아가고 있다. 5년 안에는 아날로그의
감성이 묻어나면서 트렌드에 뒤처지지
않는 일광전구의 제품을 수출할 계획이다.

백열전구 생산 공정

인류 두 번째 불, 백열전구가
탄생하기까지의 과정을 파헤치고자
대구 서성공단에 자리한 일광전구
생산 공장을 찾았다. 최고의
빛을 만드느라 항상 눈이 부셨을
공장은 현재 모든 부품을 해외에서
수입하고 조립하는 공정만
진행하고 있다.

1 유리구 투명도 조절 투명한 유리에서
나오는 빛은 휘도가 높아 눈부시다.
부드러운 빛을 내기 위해 유리구 내면에
규소가루를 부착시켜 불투명하게 만든다.

2 스템 만들기 빛을 밝히는 필라멘트가
내부에서 흔들리지 않도록 지탱하는 구조부,
스템을 만든다. 스템은 유리구의 목보다
조금 얇게 제작한다.

3 필라멘트 지지용 텅스텐 걸기 필라멘트를
구조적으로 안정되게 잡아주기 위해 −자의
텅스텐을 철물에 걸어 ㄷ자로 만든다.

4 유리구와 뼈대 조합 유리구에 스템을
끼우고 열을 가해 고정한다. 이때 불순물이
남아 있으면 표면이 검게 변할 수 있으므로
스템에 약물을 발라서 고정하고 불순물을
제거한다.

5 진공 및 가스 봉입 유리구 내부의 산소와
불순물을 제거해 진공상태를 만든 후 불활성
기체를 채워 마무리한다. 진공과정에서
내부에 산소가 남으면 필라멘트 증발이
빨라져 수명이 짧아진다.

6 베이스 조립 전류가 통하도록 베이스를
유리구와 조립한다. 베이스가 고정되면
전류를 보내 점등 테스트를 거친다.

7 냉각 보관 고온의 열에서 생산된
백열전구는 식히는 과정에서 표면에 크랙이
생길 수 있다. 이같은 진행성 불량을 확인할
수 있도록 3일 이상 보관한다.

8 품질 테스트 및 에이징 외관검사,
점등시험과 같은 품질 테스트, 전구의
필라멘트에 낮은 전압에서 높은 전압을 가해
전압내성을 주는 에이징 과정을 거친다.

2

APPLY OF
LIGHTING

Lighting
Guide

Apply of Lighting

조명 방식
탐구생활

조명은 한번 설치하면 번거롭다는 이유로 그대로 두는 경우가 많다. 하지만 적절한 방식과 위치에 계획된 조명은 업무의 집중력을 향상시키고 눈 건강에도 좋다. 조명 계획에 따라 분위기가 천차만별로 달라지기도 한다. 일상에 필요한 조명 방식과 기구는 무엇인지 알아보자. 글 정신오

용도에 맞는 조명 방식

사무실은 공간 전체를 환하게 밝혀 업무에 집중할 수 있도록 하는 반면 호텔은 화려한 조명 기구로 방문객의 시선을 사로잡는다. 또 미술관에서는 작품을 중심으로 빛을 계획해 관람에 집중하도록 한다. 작업에 따라 적정 양의 빛을 비추는 것만큼 용도에 따라 적절한 조명 방식으로 배치하는 것이 중요하다.

직접조명 direct illumination
광원으로부터 발산된 빛이 작업면에 90~100% 투사되는 조명 방식. 빛을 아래로 모으기 위해 전등갓을 주로 사용한다. 빛이 한 방향을 향하니 작업면이 환하다. 공장처럼 세심한 작업을 하는 곳에 적합하다. 조명의 효율이 좋고 소비전력이 간접조명 방식보다 30~50%로 적다.
　하지만 조도가 균등하지 못하고 눈부심이 심한 단점이 있다. 특히 조명의 하단에는 그림자가 극명하게 진다.

전반확산조명 general diffuse illumination
작업면을 비추는 하향의 빛과 천장, 벽면을 비추는 상향의 빛이 1대 1로 동일한 조명 방식. 공간 전체를 환히 밝힐 수 있어 사무실과 상점, 주택 등 특정 공간에 한정되지 않고 두루 쓰인다. 대개 반투명한 유리나 플라스틱, 아크릴을 사용해 공간 전체에 빛을 확산한다.

조명 방식

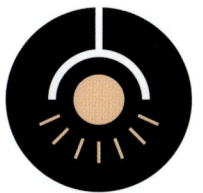  

직접조명　　　　　전반확산조명　　　　　간접조명

간접조명 indirect illumination

천장이나 벽을 비추는 상향의 빛이
90~100% 투사되는 조명 방식.
작업면을 밝히는 빛은 0~10%로 적다.
천장이나 벽에 반사돼서 퍼지기 때문에
확산성이 좋고 휘도가 낮아 쾌적한 빛
환경을 만든다. 이때 천장은 2차 광원의
역할을 하므로 밝은 색으로 마감해야 잘
확산된다.

하지만 직접조명보다 어둡고
비경제적이다. 주로 업무 공간의 회의실,
병원의 입원실에서 많이 사용한다.

전반조명 general lighting

국내에서는 거실이나 방에 하나의 조명을
설치해 공간을 밝히는데 이렇게 공간
전체를 밝히기 위해 사용하는 조명을
전반조명이라고 한다. 작업의 위치에 따라
기구를 이동할 필요가 없고 기구와 전등의
종류를 적게 할 수 있어 경제적이다.
전체를 비추기 때문에 조명의 균일도가
좋고 그림자가 부드럽다.

국부조명 local lighting

특정 위치나 사물을 밝힐 때 적용하는
조명 방식. 사물을 직접적으로 비춰
강조할 때 사용한다. 강조하는 물건의
크기, 중요도에 따라 광도와 각도를
고려해 계획한다. 무대의 스포트라이트,
갤러리, 쇼윈도에 주로 쓰인다.

최근에는 전반조명을 바탕으로 하고
별도 집중이 필요할 때 국부조명을
택하는 병용 방식도 많이 쓴다.

©여인우

공간의 분위기를 바꾸는 조명 기구

용도에 맞는 조명 방식을 선택했다면, 공간에 어울리면서 개인의 취향을 반영할 수 있는 조명 기구를 선택해 보자. 빛으로 공간을 꾸민다고 하면 형형색색의 펜던트, 무게감이 느껴지는 금속 플로어 스탠드를 설치해야 할 것 같지만 공간에 노출되지 않는 깔끔한 분위기를 원해 조명을 매입하기도 하고, 아늑함을 주기 위해 테이블 스탠드를 이용하기도 한다.

Ⓘ 건축화 조명

천장이나 벽, 기둥 등 건물의 내부에 조명 기구를 매입해 내부 일체형으로 설치하는 조명. 쾌적한 환경을 만들 수 있어 좋지만 설치하기 위한 시설비가 비싸고 관리가 불편하다는 단점이 있다. 백화점이나 업무 공간 등 넓은 곳에 유리하다.

1. 다운라이트 downlight
천장이나 바닥 마감 안쪽으로 6cm 가량 타공해 설치한 조명. 조명의 양쪽에 달린 스프링을 매입부에 걸어 설치한다. 공간에서 도드라지지 않아 깔끔하다. 하지만 설치와 관리가 힘들어 가정보다는 호텔의 복도와 사무실, 백화점에 주로 쓰이고 복도나 화장실처럼 좁은 공간에 적합하다. 규격은 직경으로 구분하고 3~10in 정도다.

① **매입형** 가장 일반적인 다운라이트. 설비의 크기에 맞게 천장에 구멍을 뚫고 매입해 설치한다. 조명면을 막지 않고 그대로 노출한다.
② **프리즘렌즈형** 매입형 기구의 조명면을 프리즘렌즈로 덮어 마감한 다운라이트. 프리즘을 통해 빛을 확산시킨다.

③ **반매입형** 덮개가 부착된 다운라이트. 프리즘렌즈형은 천장면에 맞추어 설치한다면 반매입형은 덮개가 천장에서 돌출되게 설치하는 방식이다. 빛을 확산시킬 수 있으며 전반조명으로도 자주 쓰인다.
④ **핀홀형** 3.3in 정도로 일반 다운라이트 기구보다 조명부의 면적이 작은 조명. 매입형과 마찬가지로 구멍을 막지 않는다.

2. 코브조명 cove lighting
움푹 패인 곳에 광원을 숨기고 천장이나 벽에 빛을 반사시켜 확산하는 방법으로 공간을 밝히는 간접조명 방식. 환하지는 않지만 실내를 은은하게 밝혀 고급스러운 분위기를 연출한다. 다만 매입등과 마찬가지로 관리가 어렵다.

건축화 조명

매입형	프리즘렌즈형	반매입형	핀홀형	코브조명

II 공간 분리형 조명

마감재 안쪽으로 매입하는 다운라이트와는 달리 공간에서 분리된 조명
기구. 서양에서는 과거부터 활동이 일어나는 가구 주변으로 공간 분리형 조명 기구를
설치했다. 천장등 방식을 많이 사용했던 우리나라에서는 근래에 들어 주목받고 있다.

1. 직부등, 천장등 ceiling light

천장에 직접 설치하는 조명 기구. 마감면 위에 설치하기 때문에 건축화 조명보다 유지관리가 쉽다. 공간 전체를 고르게 밝힐 수 있어 가정의 거실, 방에 많이 쓴다. 대개 직사각형이나 원형 등 단순한 형태로 선택지가 적다. 빛이 직접적으로 벽에 닿아 조명 주변부가 색이 바래는 단점이 있다.

2. 트랙조명 track light

최근에는 전원이 공급되는 레일에 레일용 플러그가 설치된 조명 기구를 탈부착해 사용하는 트랙조명도 자주 볼 수 있다. 레일 플러그에 조명을 끼우면 돼 교체도 간편하다. 카페, 미술관에 자주 활용한다.

3. 펜던트 pendant light

체인이나 줄로 고정해 조명부가 공중에 떠 있도록 한 조명 기구. 광원이 직접적으로 노출되지 않도록 갓을 사용한 제품이 많다. 갓은 크기에 따라 조도면과 빛의 밝기를 달리할 수 있으니 필요에 맞게 선택하면 좋다. 주로 호텔이나 카페에 많이 쓰였지만 최근 조명에 대한 대중의 관심이 늘면서 주거 공간의 거실이나 식탁 위에 배치하기도 한다.

펜던트

4. 벽등

벽에 설치하는 조명. 빛의 방향에 따라 다른 실루엣과 분위기를 연출할 수 있다. 크게 상부를 밝히는 스콘스sconce, 상부와 하부를 모두 밝히는 브래킷bracket, 하부를 밝히는 반사 램프로 나뉜다. 복도에 사람의 손이 닿지 않는 높이, 침대 헤드보드에 설치한다.

벽등

5. 스탠드 stand

이름 그대로 세워서 사용하는 조명. 펜던트나 브래킷에 비해 설치가 간편하고 이동이 쉽다. 높이에 따라 테이블 스탠드, 플로어 스탠드로 구분한다.

① 테이블 스탠드table stand 높이 80cm 미만의 스탠드. 크기가 아담하고 이동이 쉬워 인테리어 소품으로도 인기다. 소파나 침대 옆 테이블에 두고 책을 읽거나 자기 전 긴장감을 풀어줄 때 활용한다. 최근에는 충전식 무선 제품도 출시되고 있다.

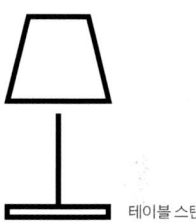

테이블 스탠드

② 플로어 스탠드floor stand 높이 80cm 이상의 스탠드. 램프대가 길어 테이블 스탠드만큼 이동이 쉽지는 않다. 주로 소파나 침대 옆에 두고 사용한다.

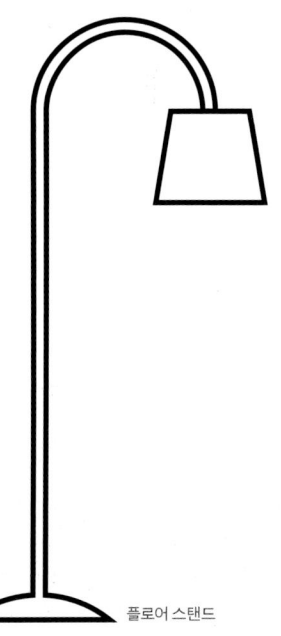

플로어 스탠드

Selection of Luminaires

조명 선택
가이드 실전 편

어느 정도 조명 방식과 기구를
인지해도 직접 구매하고자 쇼룸을
방문하면 막막하다. 개인의
취향과 인테리어에 따라 선택지가
달라진다지만, 어떤 기준으로 제품을
골라야 할지를 누구도 알려주지
않는다. 이번 편에서는 조명 기구를
고를 때 알아두면 좋을 팁을 안내한다.
이를 바탕으로 집 안에 배치하면 좋은
조명 기구도 함께 소개하니 참고하자.
글 정신오

빛이 필요한 곳

조명을 구매하기에 앞서 배치할 위치를 선정하자. 취향, 인테리어 효과 등 여러 기준이
있지만 가구를 중심으로 배치하기를 권한다. 가구는 휴식이나 독서, 공부 등 어떠한
행위를 담기 위해 만들어졌다. 책을 읽는데 천장등의 빛이 강해서 반사가 심하거나
설거지를 하는데 그림자가 져서 가려지는 등 실제로 사용할 모습을 그리다 보면 조명을
설치할 위치를 정할 수 있다.

식사하면서 가족과 이야기를 나누는 시간이 소중하다면 다이닝 공간을, 독서를
즐긴다면 서재 등 공간의 우선순위를 매겨보는 것도 좋다.

작업에 맞는 조명 기구

조명을 배치할 곳에서 일어나는 행태와 빛의 관계를 고려해 보자. 휴식을 취하는
곳은 간접조명으로 주변을 은은히 밝히는 것이 좋지만, 집중력을 필요로 하는 곳은
직접조명으로 환하게 계획하는 것이 효과적이다.

또한 같은 행태라도 사용자에 따라 조명 기구가 천차만별로 달라진다. 가령 혼자서
사용하는 공간은 스탠드나 벽부등으로 적은 면적을 밝혀도 괜찮지만 인원이 많을 때는
전반조명 방식으로 천장등을 선택하는 것이 더 유리하다.

균형 있는 배치

조명 기구는 디자인과 함께 전체적인 가구와의 비례감, 빛의 확산 면적과 밝기의
균형감을 고려해야 한다. 균형감을 볼 때는 소재와 형태를 신경 쓰자. 조명 기구는
소재에 따라 빛의 확산 면적과 밝기가 다르다. 반투명한 아크릴이나 유리 소재의
펜던트를 사용하면 빛이 전반확산 돼 천장과 벽 모두를 밝힐 수 있지만 은은하다. 반면
불투명한 소재의 조명기구는 빛을 특정 방향으로 모아서 확산하기 때문에 더 밝다.

디자인에 따라 수량이 달라지기도 한다. 특히 전등갓을 이용한 조명 기구는
경사도와 지름에 따라 빛의 확산 면적이 다르다. 전등갓이 큰 조명 기구는 하나로도
공간을 충분히 밝힌다면 전등갓이 작고 경사가 가파른 제품을 사용하면 두 개 이상을
설치해야 동일한 효율을 내는 경우가 있다.

거실은 TV 시청 외에
다른 활동이 일어나도록
테이블이나 1인 소파
주변으로 조명을 배치하면
좋다.

우리 집에 어울리는 조명 기구

최근 주거 환경에 대한 관심이 높아졌지만 여전히 국내에는 아파트가 보편적이고 조명은 특별한 고민 없이 빌트인으로 설치된 천장등을 유지한다. 앞서 언급한 몇 가지 팁을 바탕으로 가정에서 일어나는 행태를 분석해 현재 가정에 어울리는 조명, 그리고 새로이 변화를 줄 수 있는 유형을 제안한다.

거실

일반적으로, 거실은 TV를 향하도록 소파를 배치한다. 얼굴을 마주하는 시간이 적어지니 자연스레 대화도 줄어든다. 천장등과 같은 전반조명보다는 국부조명을 이용해 보자.

소파 테이블 위로 펜던트 조명을 배치하면 TV를 향하는 시선을 일차적으로 거르고 여럿이 둘러앉아 이야기를 나눌 수 있는 분위기를 연출할 수 있다. 1인 소파, 팔걸이 의자 주변으로 플로어 스탠드를 배치해 책을 읽으며 휴식을 취하는 것도 좋다.

주방과 다이닝 공간

주방과 다이닝 공간은 구분 없이 중심에 천장등을 배치하고 함께 사용하는 가정이 많다. 이러한 경우 두 공간 모두 활동에 필요한 조도를 확보하지 못해 불편하다. 특히 주방은 보통 조명을 등지고 있어 요리하는 데 어려움이 있다.

주방과 다이닝 공간은 각 공간에 집중할 수 있도록 조명을 분리되게 계획한다.

독서를 하거나 공부하는
공간은 집중할 수 있도록
국부 조명을 권한다.

주방은 작업 환경이 밝도록 천장에 다운라이트를 매입하거나 트랙조명을 설치한다.
트랙조명은 필요에 맞게 위치나 각도를 조절할 수 있어 편리하다. 최근에는 싱크대 위의
선반, 후드에 조명을 매입해 사용할 때마다 불을 밝히기도 한다.

다이닝 공간은 마주 앉아 식사를 하는 만큼 많은 대화가 오가는 자리다. 테이블
위로 펜던트를 배치해 온전히 그 시간에 집중할 수 있도록 하자. 다이닝 공간에 배치할
조명은 테이블과 조명 기구의 크기와 빛 확산 면적을 함께 고려해 수와 위치를 정한다.

서재와 공부방

독서를 하거나 공부하는 공간은 집중할 수 있도록 국부조명을 권한다. 은은한
간접조명보다는 작업면을 환하게 밝힐 수 있는 직접조명이 좋다.

서재는 책장과 책상을 동시에 활용할 수 있도록 천장등으로 전체를 밝히거나
책장마다 다운라이트를 배치하고 책상에서는 테이블 스탠드를 사용하는 방법이 있다.
딱딱한 책상보다는 팔걸이 의자에서 편하게 책 읽기를 즐긴다면 의자 주변으로 플로어
스탠드를 배치해도 좋다.

아이의 공부방에는 천장등과 함께 책상을 밝히는 조명을 배치하자. 평소에는
천장등으로 방 전체를 밝히고 공부할 때는 테이블 스탠드만 사용하면 주변에 시선을
끄는 요소를 어둠으로 차단하니 집중력이 낮은 아이들이 온전히 책에 집중할 수 있다.
앵글포이즈의 제품 같은 테이블 스탠드를 이용하면 피로감이나 활동에 따라 높이와
각도를 조절할 수 있다.

침실

하루 일과를 마치고 잠들기 전 어둠속에서 노트북이나 휴대폰으로 동영상을 보곤
한다. 작은 화면을 통해 방출되는 많은 양의 빛이 시신경으로 들어와 눈이 금방
피로하고 시력이 떨어지기 쉽다. 이럴 때 침대 옆 테이블에 낮은 스탠드를 두거나,
헤드보드에 벽부등을 부착해 은은한 빛으로 피로감을 덜어보자.

최근에는 가구에 사물인터넷을 결합한 조명을 설치하기도 한다. 이 제품은
생체리듬을 인식하는 조명으로 잠들면 수면 상태를 인식하고 자동으로 밝기를 낮춘다.
불을 켠 채로 잠들거나 잠결에 불을 끄다가 깨버리는 일을 줄일 수 있어 편리하다.

Luminaires
DIY

조명 DIY:
펜던트 조명
설치하기

카페나 레스토랑에서는 테이블마다
펜던트 조명을 설치해 개개인의
식사와 대화에 집중할 수 있도록 한다.
최근에는 이러한 트렌드가 집안까지
스며들어 식탁 위나 아일랜드 주방에도
펜던트 조명을 설치하는 모습을 쉽게
볼 수 있다. 방법만 안다면 누구나
손쉽게 할 수 있는 조명 설치. 오래된
등을 떼고 공간에 생기를 더할 수 있는
조명을 설치해 보자. 글 정신오

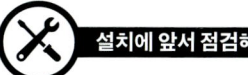

설치에 앞서 점검해 보자!

기존 조명 확인하기

기존의 펜던트를 교체하거나 이전에 조명이 없던 곳에 설치하는 경우라면 큰 무리가
없다. 하지만 천장등을 사용하고 있었다면 여러 가지를 함께 고려해야 한다.

조명 기구에 가려 미처 확인하진 못했지만 오래 사용한 천장등은 주변에 흔적을
남긴다. 전구의 열이 천장을 까맣게 그을리는가 하면 먼지가 조금도 묻지 않고
새하얗게 유지돼 주변과 이질감이 들기도 한다. 그래서 천장등을 교체할 때는 설치에
앞서 천장 상태를 확인해야 한다. 필요에 따라서 천장에 벽지를 새로 도배하거나
페인트를 칠해야 한다. 얼룩의 크기가 작다면 그보다 큰 천장고정브래킷을 선택해 해당
부위를 가리는 방법도 있다.

우리집 천장 마감재는?

바탕면은 크게 목재 합판, 석고보드plaster board, gypsum board, 콘크리트가 있다. 이 중
콘크리트는 전문가의 손길이 필요하므로 이번 편에서는 소개하지 않는다. 석고보드는
조명을 설치할 위치에 구조체와 같은 보강재가 있는 경우와 그렇지 않은 경우로 세분할
수 있다. 보강재는 조명을 설치하는 과정에서 하중을 지탱하는 역할을 한다. 하지만
보강재가 없다면 공정이 추가될 수 있으니 설치 전 바탕면의 소재가 무엇인지 확인하고
구멍에 손가락을 넣어 보강재가 있는지 점검한다.

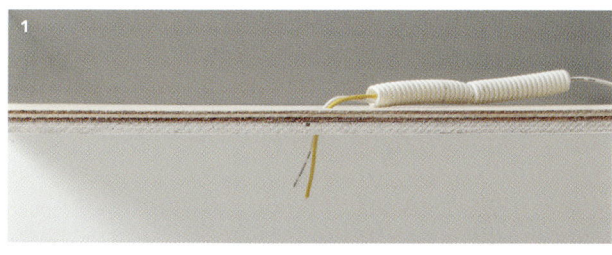

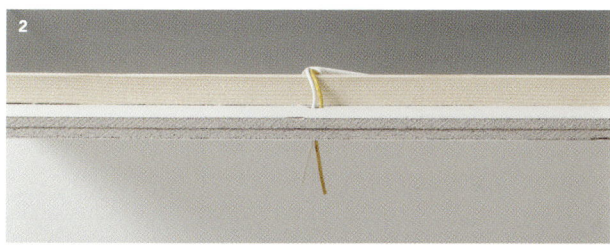

천장 마감재
1 목재합판
2 석고보드 – 보강재가 있는 경우
3 석고보드 – 보강재가 없는 경우

- 반드시 차단기를 끄고 조명을 설치한다. 켠 상태로 작업을 할 경우 전기에 감전될 수 있다.
- 점등 중이거나 소등을 한 직후에는 램프가 뜨거울 수 있으니 조심해야 한다.
- 보강재를 확인하거나 피복을 벗기면서 손을 다칠 수 있으니 목장갑을 착용한다.

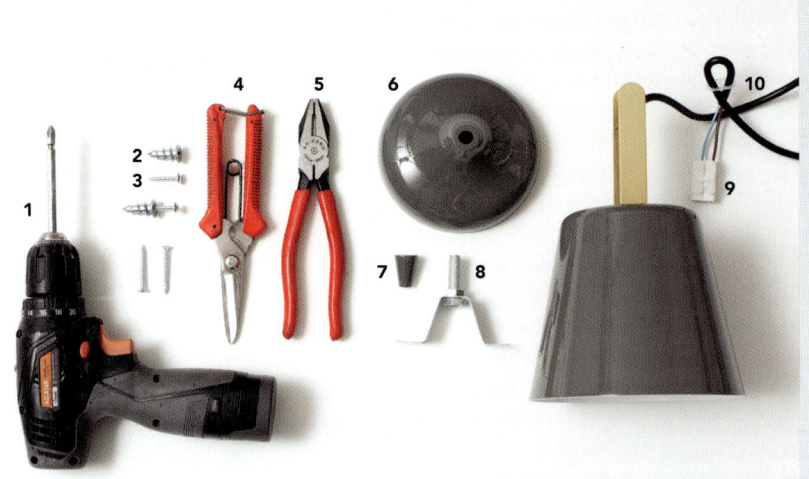

준비물

1 드라이버 or 드릴
2 석고보드용 피스
3 나사
4 니퍼
5 펜치
6 브래킷 커버
7 고정너트
8 천장고정브래킷
9 단자
10 길이 조절용 고리
11 목장갑

1

위치 정하기

조명을 설치할 때 필수적인 부품, 바로
'천장고정브래킷'이다. 사다리꼴 모양의 이 철물은
조명이 흔들리지 않도록 한다. 조명을 설치할 곳에
천장고정브래킷의 중심이 가도록 배치하고 구멍의 위치를
천장에 표시한다.

2

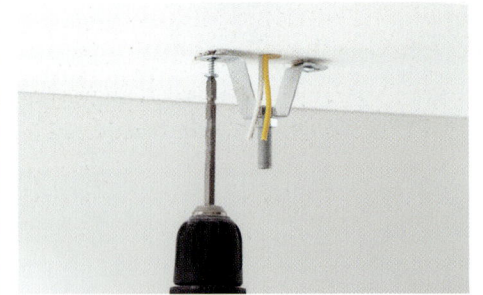

천장고정브래킷 설치하기

표시된 곳에 구멍을 맞춰 천장고정브래킷을 고정한다.
바탕면이 목재 합판이거나 보강재가 있는 석고보드라면
바로 나사를 박는다. 보강재가 없다면 먼저 석고보드용
피스를 박는다. 이때 피스는 표면이 마감면과 동일 선상에
위치하도록 한다. 마찬가지로 천장고정브래킷의 구멍에
석고보드용 피스의 홈을 맞추고 나사를 조인다.

3

전선 피복 벗기기

전류가 통하도록 천장과 조명 기구의 피복을 벗겨 구리선을 노출시킨다. 피복을 벗길 때는 중지와 약지 사이에 전선을 끼우고 지렛대의 원리를 이용해 끝을 꺾듯이 당긴다. 최대한 구리선이 상하지 않도록 하고, 손상됐다면 해당 부위를 자른 뒤 다시 벗긴다. 이중으로 피복된 조명 기구의 전선은 니퍼나 커터칼로 외피복을 벗긴 다음 내피복을 벗긴다. 노출된 구리선은 단단하게 꼬아둔다.

4

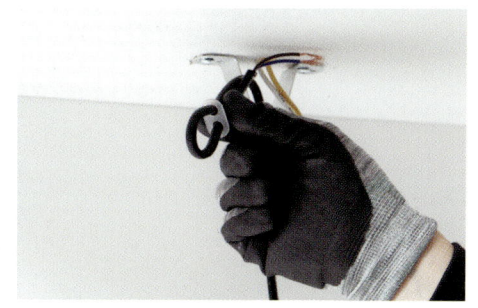

전선 길이 조절

조명 기구에 연결된 전선을 고정너트와 브래킷 커버에 관통시킨 뒤 천장고정브래킷 사이의 너트에 넣는다. 그다음 길이 조절용 고리에 전선을 U자로 끼우고 원하는 높이에 맞게 길이를 조절한다. 사진 속 고리는 8자형이지만 제품에 따라 모양이 다를 수 있다. 모두 구멍이 두 개이니 8자형과 마찬가지로 전선을 U자로 끼우면 된다.

5

단자 결합

피복한 전선을 단자의 구멍에 하나씩 끼워 결합한다. 단자에는 동그란 입력전압과 네모난 출력전압 구멍이 있다. 입력전압에는 천장의 전선을, 출력 전압에는 전등기구의 전선을 꽂는다. 좌우는 전극의 구분이 없으니 어느 쪽으로 연결해도 무방하다.

6

고정

천장고정브래킷과 단자, 길이를 조절한 선을 브래킷 커버 안에 정리해 담는다. 캡을 천장에 밀착시킨 뒤 브래킷 커버를 돌려서 고정한다.

완성

취재협조 **라이마스** 홈페이지 www.limas.co.kr 협찬 제품 **벨 그레이**

3

LIGHTING IN ARCHITECTURE

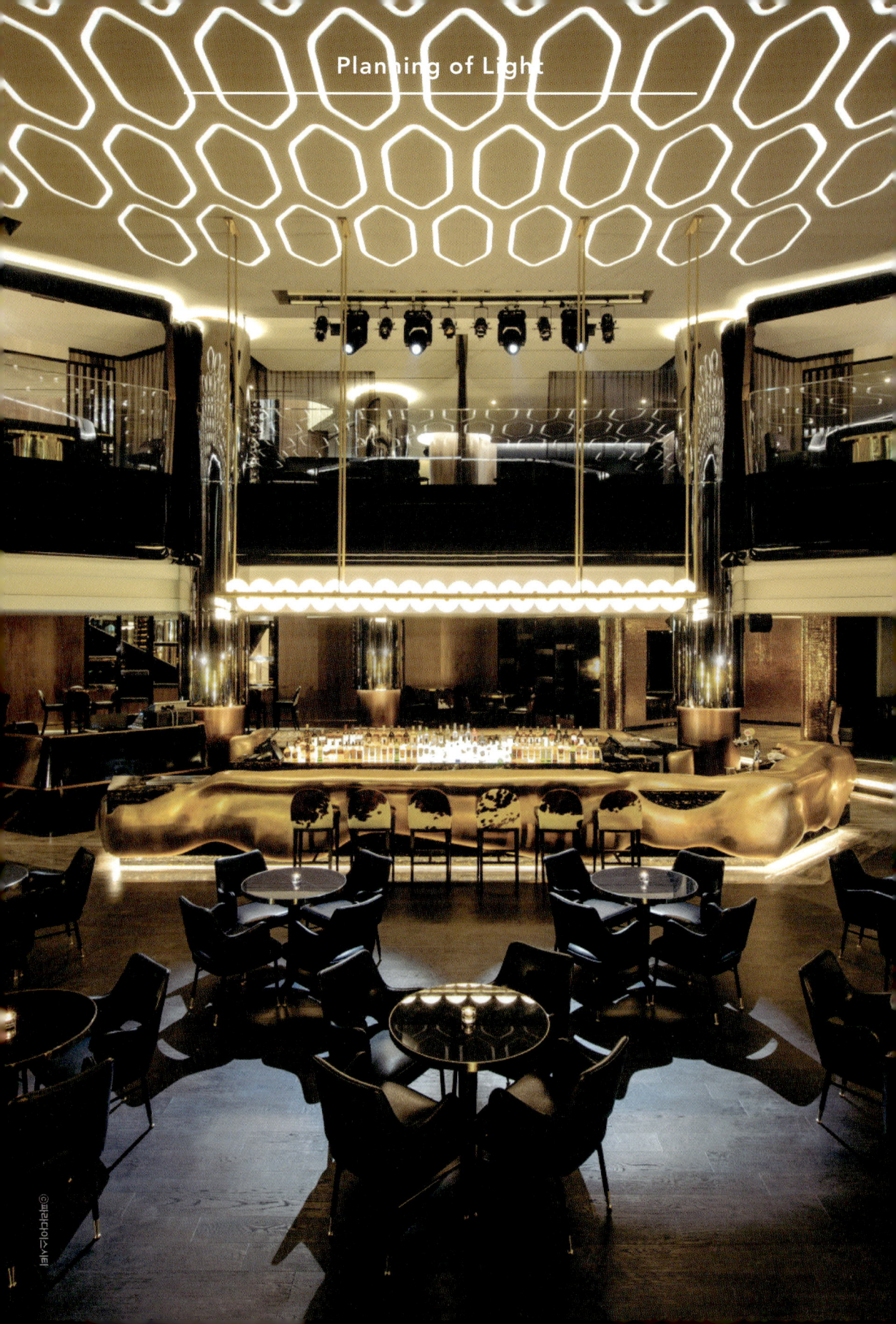

공간의 빛을
계획하다

누군가는 '스위치를 켜고 끄는 것으로 빛을 통제할 수 있는데 무엇 때문에 조명 계획이 필요하냐'고 묻는다. 하지만 배우가 무대에 서려면 배역에 맞게 옷을 차려입고 화장을 하듯 조명도 장소와 상황에 맞게 밝기와 색을 달리하여 강약을 조절하는 과정을 거쳐 공간을 완성한다. 글 정신오

공간의 콘셉트에 맞게 빛의 밝기와 배치, 형태를 계획하는 일련의 과정을 '조명 계획'이라고 한다. 그리고 이를 계획하는 사람을 조명디자이너라고 한다.

이들이 공통으로 말하는 국내 시장의 문제점은 두 가지다. 첫 번째는 조명 계획에 대한 무지다. 대중은 물론 많은 건축가가 조명의 효과를 간과한다. 일부는 여전히 전기의 일부로 취급하며 무상으로 조명 계획을 부탁하기도 한다. 두 번째는 '모사와 표절'이다. 유명 브랜드의 조명 기구를 모사하는 일이 흔하고 표절하는 풍토가 국내 조명 시장 전반에 깔려 있다. 한 조명 설계회사에서는 공간에 맞게 특허기술을 적용해 개발한 제품을 유통업체가 모사해 대신 납품했다고 하소연한다. 이런 사태가 빈번하니 세계를 선도하는 국내 업체들은 내수 시장에 등을 돌린다.

그러나 조명에 기술이 접목되고 첨단화되면서 건축가가 조명디자이너와 협업하는 일이 점차 늘고 있다. 조명을 계획하는 순서와 고려 요소를 통해 조명 계획이라는 낯선 분야에 첫걸음을 내딛어 보자.

조명을 디자인하는 단계
크게 계획과 기본, 실시 단계로 나뉜다. 계획 단계에서는 건물의 콘셉트와 함께 기획 방향을 잡는다. 기본 단계는 정해진 내용을 바탕으로 구체적인 조도와 색온도, 제품을 선정한다. 실시 단계에서는 설치 방식을 고려한다.

홍대에 위치한 롯데 L7 호텔.
예술과 휴식을 한 공간에서
즐긴다는 콘셉트로 객실에
예술작품을 배치하고 그에
어울리도록 조명을 계획했다.

용도에 따라 작업이 달라지는
만큼 조명도 그에 맞게
계획해야 한다.

그러나 프로젝트마다 조명이 고려되는 시기가 다르고 항상 모든 과정이 진행되는 것은 아니다. 호텔이나 특정 사옥에서는 브랜드의 정체성을 드러내기 위해 콘셉트를 잡을 때부터 조명을 함께 고려한다. 홍대에 위치한 롯데 L7호텔은 예술과 휴식을 한 공간에서 즐긴다는 콘셉트로 객실에 예술 작품을 배치했다. 조명도 이에 맞게 작품을 배치한 곳엔 다운라이트를, 그밖에는 간접조명으로 계획했다. 반면 일부 프로젝트에서는 기능에 목적을 두어 조명을 추가하는 정도로 실시단계만 진행하기도 한다.

조명의 중요도에 따라 투자하는 시간과 비용이 다르지만, 분위기가 중요한 공간에서는 조명을 일찍부터 고려하기를 권한다. 조명을 계획하다 보면 공간의 재료와 구성을 바꾸는 등 기존 안에서 변경해야 하는 경우가 생긴다. 설계의 기획 단계에서 조명을 함께 고려하면 건축가와 공간 속 빛의 형태와 설치 방식을 논의할 수 있다. 하지만 실시단계에서는 이미 많은 것이 정해진 후이기 때문에 변경할 수 있는 선택지가 적다.

용도에 맞는 조명 계획을 위한 3요소

용도에 따라 행위가 달라지는 만큼 조명도 그에 맞게 계획해야 한다. 크게 세 가지를 눈여겨보자. 첫 번째는 조도다. 알아두면 좋은 조명 기초 상식(p.26 참고)에서 언급했듯 작업이 정밀할수록 높은 조도값을 필요로 한다. 어두운 빛 아래에서 바늘에 실을 꿰는 게 어려운 것처럼 세밀한 작업을 하는 공장에서는 조도값이 높은 조명을 배치하는 것이 중요하다. 두 번째로 색온도. 색온도는 사물을 인지하는 데에도 영향을 미치지만 눈 건강과도 연관이 있다. 태양을 정면으로 보면 눈이 부시고 시리듯 주로 생활하는 공간은 태양보다 색온도가 낮아야 눈의 피로를 줄일 수 있다. 세 번째는 조명 방식이다. 미술관이나 무대처럼 특정 사물과 동작을 강조하는 공간에서는 국부조명 방식을 택한다. 반면 여러 사람이 모여 작업하는 공간은 전반조명이 더 효과적이다.

이 세 가지 요소를 공간에 적용해보자. 사무실처럼 대다수 시간을 모니터를 보고 일을 하는 공간은 대개 4000K 이상의 색온도와 책상의 밝기가 500lx 정도인 빛을 전체적으로 균일하도록 배치하는 것이 좋다. 반면 휴식을 취하기 위해 방문한 호텔은 작업의 정밀도를 필요로 하지 않기 때문에 좀 더 낮은 색온도와 조도로도 충분하다. 조명의 위치는 활동이 일어나는 소파나 테이블 위주로 배치한다. 마지막으로 주방은 음식의 신선도와 조리 상태를 확인하기 위해 태양빛과 가깝고 5000K 이상의 비교적 높은 색온도 사용으로 분별이 용이하도록 한다. 또한 빛으로 인해 그림자가 지지 않도록 조명을 배치해야 한다.

조명 계획을 할 때는 재료의
특성을 함께 고려해야 한다.
천장에서 발산된 빛이 바닥에
그대로 반사되면 눈이 부시고
공간이 산만하게 느껴질 수
있다.

©TonyV3112 / Shutterstock.com

작업별 권장 조도

활동 유형	조도분류	조도범위(lx)	추천 조명 방식
어두운 분위기 중의 시식별 작업장	A	3 – 4 – 6	전반조명 방식
어두운 분위기의 이용이 빈번하지 않은 장소	B	6 – 10 – 15	
어두운 분위기의 공공장소	C	15 – 20 – 30	
잠시 동안의 단순 작업장	D	30 – 40 – 60	
시작업이 빈번하지 않은 작업장	E	60 – 100 – 150	
고휘도 대비 혹은 물체 대상의 시작업 수행	F	150 – 200 – 300	작업면 조명 방식
일반 휘도 대비 혹은 작은 물체 대상의 시작업 수행	G	300 – 400 – 600	
저휘도 대비 혹은 매우 작은 물체 대상의 시작업 수행	H	600 – 1000 – 1500	
비교적 장시간 동안 저휘도 대비 혹은 작업 물체 대상의 시작업 수행	I	1500 – 2000 – 3000	전반조명과 국부조명 병행
장시간 동안 힘든 시작업 수행	J	3000 – 4000 – 6000	
휘도 대비가 거의 안 되며 작은 물체의 매우 특별한 시작업 수행	K	6000 – 10,000 – 15,000	

연령에 따라 시운동능력이 다르므로 권장 조도도 차이가 있다. 활동 유형에 따라 25세 이하는 권장 조도의 최소값, 25~65세는 밑줄친 값, 65세 이상은 최대값을 고려하는 것이 좋다 .

사무실

구분	업무	등급	조명 방식
그래픽 설계	그래픽, 사진	G	작업면 조명 방식
	설계	H	작업면 조명 방식
사무실	일반 사무실	F	작업면 조명 방식
	회의실	F	작업면 조명 방식

상점

구분	가구	등급	조명 방식
의류판매점	일반진열	H	작업면 조명 방식
	장식장	I	전반과 국부 병행
서점	–	H	작업면 조명 방식
레스토랑 식당	진열대	H	작업면 조명 방식
	식탁	G	작업면 조명 방식
	주방	G	작업면 조명 방식
	세척	E	전반 조명
잡화점	중점진열	H	작업면 조명 방식
	점포내 전반	F	작업면 조명 방식

주택

구분	가구	등급	조명 방식
거실	–	F	작업면 조명 방식
		D	전반 조명 방식
주방	조리대	G	작업면 조명 방식
	싱크대	F	작업면 조명 방식
다이닝공간	–	G	작업면 조명 방식
서재	–	H	작업면 조명 방식
침실	화장대	G	작업면 조명 방식
	심야	A	전반 조명 방식

색온도

일본 조명회사 LUCI 색온도 기준	1800K	2100K	2400K	2700K	3000K	3500K	4200K	5300K	7100K
국내 색온도 기준				전구색		주백색			주광색

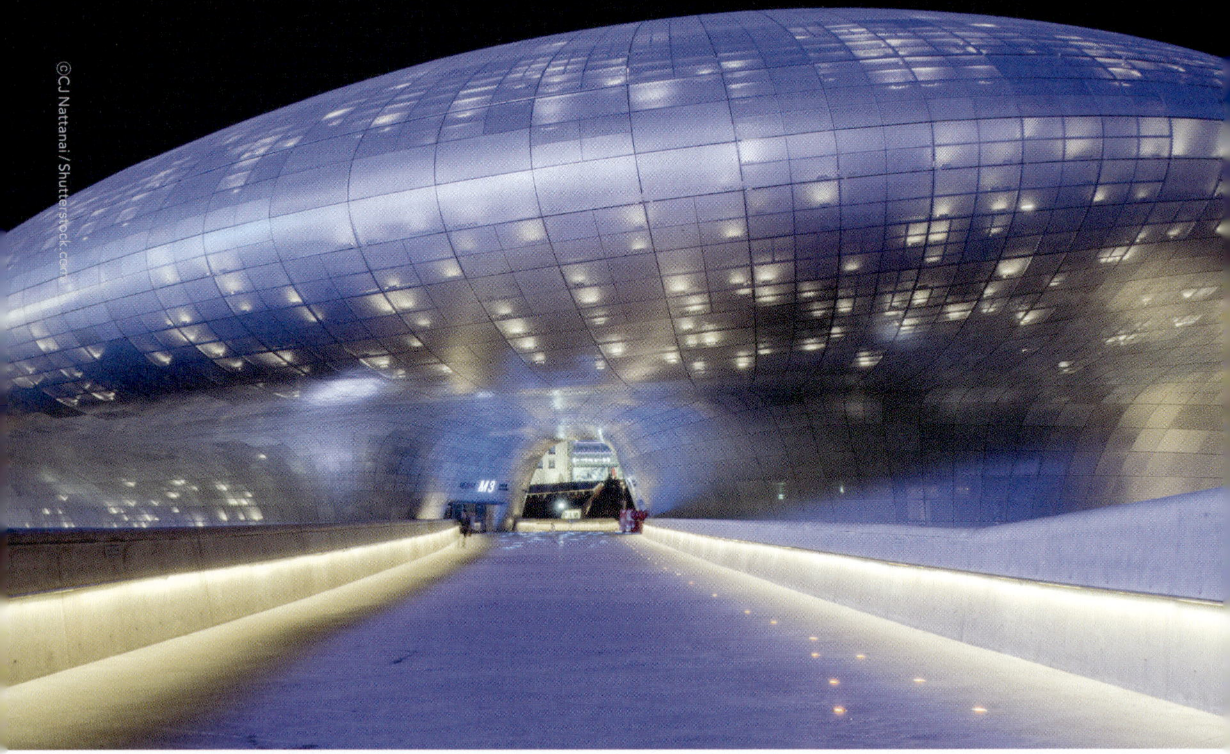

©CJ Nattanai / Shutterstock.com

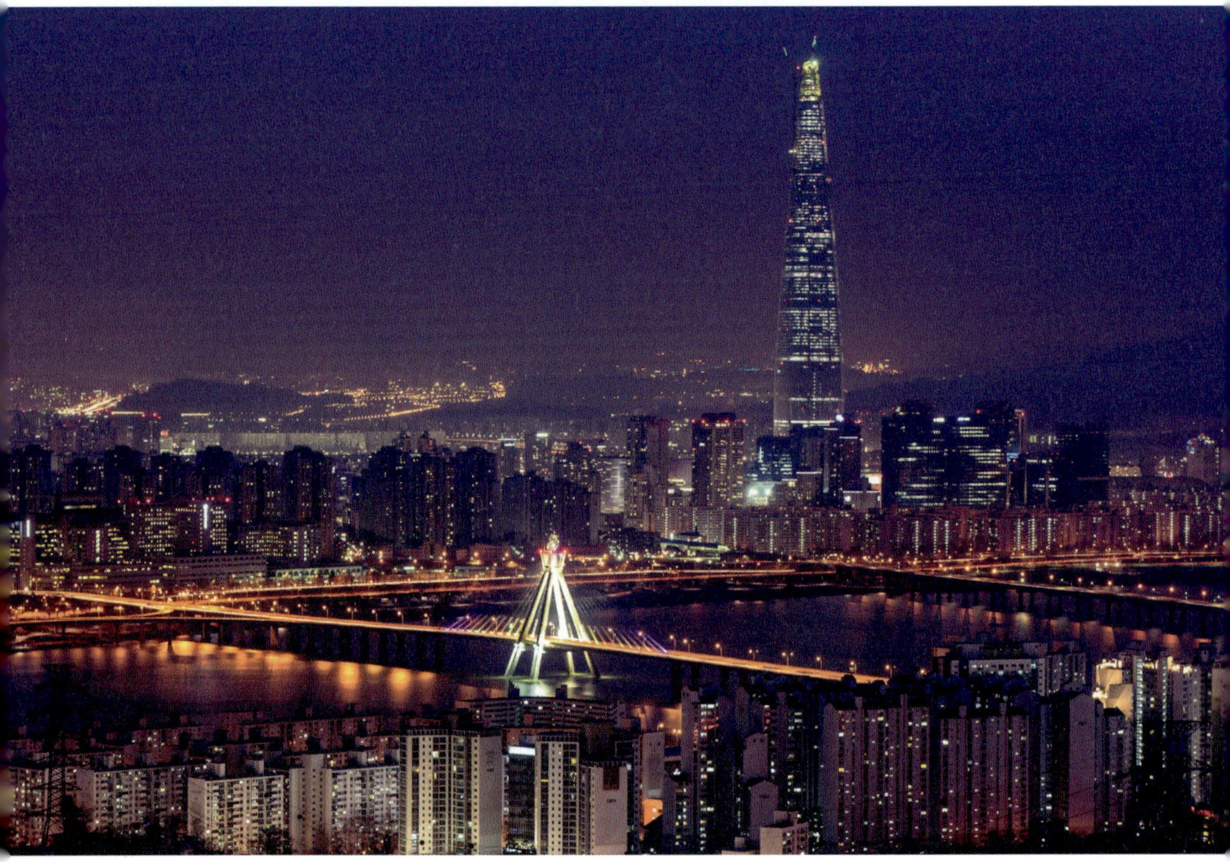

재료와의 조화

같은 조건의 빛이라도 마감재의 색과 반사율에 따라 다르게 느껴진다. 예를 들어 회색처럼 짙은 색의 천장보다는 흰 천장에서 빛이 더 잘 확산되고 대리석보다는 카펫 바닥이 눈부심이 덜하다. 조명을 계획할 때는 이러한 재료의 특성도 함께 고려해야 한다.

공간을 정면으로 마주했을 때를 기준으로 빛이 발산하는 천장과 벽, 바닥의 관계를 살펴보자. 천장으로부터 발산한 빛이 바닥에 그대로 반사되면 눈이 부시고 공간이 산만하게 느껴질 수 있다. 벽면에 간접조명 방식으로 빛을 은은하게 계획하고 싶다면 천장이나 바닥에 반사감 있는 재료를 사용하는 것이 좋다. 공간 전체의 균형감을 따지다 보면 재료에 맞는 조명 방식, 광원에 맞는 재료를 계획할 수 있다.

도시를 이루는 경관 조명 계획

실내와 마찬가지로 건물의 외관 역시 브랜드의 정체성과 콘셉트를 고려해 계획한다. 광화문에 있는 포시즌스 호텔은 실내에서 새어나오는 빛을 외관 조명과 조화롭게 배치해 고풍스러운 분위기를 연출했다. 코엑스는 미디어 파사드media facade를 이용해 건물이 문화 활동과 마케팅을 동시에 수행하는 미디어로 쓰이도록 했다(『GARM 08 유리』 p.56 참고). 그러나 건축물은 여러 공간을 묶어주는 하나의 매개체인 동시에 도시를 구성하는 요소다. 그래서 독립된 건물뿐 아니라 주변과의 상관관계를 함께 고려한다.

서울시에서는 '서울시 도시빛 기본 계획'과 '서울시 야간경관계획'을 통해 가이드라인을 제시하고 '서울특별시 빛공해 방지 및 좋은빛 형성 관리조례'를 통해 건축물은 물론 도로조명과 옥외광고물 등을 관리한다. 이는 빛공해를 줄이기 위한 규정으로 수면장애나 운전자의 눈부심으로 인해 발생하는 교통사고 등 빛공해로 나타날 수 있는 문제를 막기 위해 만들어졌다.

조례는 자연환경과 번화한 정도에 따라 4종의 조명환경관리지역으로 구분하고 지역마다 적합한 조도와 휘도를 규정한다. 강남구나 종로구처럼 상업 활동으로 일정 수준 이상의 인공조명이 필요한 구역을 4종, 주거 생활공간을 3종, 그 밖에 농업 지역, 국립공원이나 야생생물 보호구역과 같은 보전녹지지역을 각각 2종과 1종으로 지정한다. 그중 서울의 절반 정도로 가장 많은 면적을 차지하는 것은 제3종 조명환경관리구역이다. 이 지역에서는 건축물에서 발생하는 휘도가 평균 $15cd/m^2$, 최대 $180cd/m^2$이하를 유지하여 주거지역의 조명환경을 쾌적하게 조성하도록 해야 한다. 제4종 조명환경관리구역인 상업지역은 휘도는 평균 $25cd/m^2$, 최대 $300cd/m^2$ 이하를 유지하여 상업지역을 활기 있게 계획하면서 질서 있는 조명 환경을 조성하도록 한다.

조명 계획의 전망

조명은 시간이 흐를수록 첨단화되고 있다. 사물인터넷과 결합되면서부터는 음성을 인식하는 과정 없이 조명 기구가 스스로 판단해 빛을 조절하기도 한다. 두께가 얇아 가전제품에 주로 쓰이는 면광원 OLEDOrganic Light Emitting Diodes는 미디어 파사드와 같은 건축물의 입면에도 활용 가능성이 엿보인다. 이처럼 몇 년 사이 신기술을 접목하거나 다른 재료에 광원을 더하는 등 새로운 시도가 끊임없이 쏟아지고 있다. 이제는 단순 광원을 배치하는 것뿐 아니라 통제하고 활용하기 위한 시스템까지 함께 고민해야 한다. 앞으로 조명디자이너의 역할은 점점 더 중요해질 것이다.

©777Studio Lee Jae Sung

빛의
숨결을
더하다

빛은 공간의 분위기를 바꾸는 데 중요한 요소지만, 지금까지 건축에서는 전문 영역으로 취급돼 크게 고려되지 않았다. 이온에스엘디는 울릉도 힐링스테이 코스모스 리조트, 홍대 롯데 L7호텔, KEB 하나은행 삼성동 별관 등 여러 프로젝트에서 각 공간에 어울리는 조명을 디자인했다. 용도와 사용자를 고려해 빛으로 공간에 풍성함을 더한 이온에스엘디의 이야기를 들어본다. 인터뷰 정신오 인터뷰이 이온에스엘디 정미 대표

감씨(감): 국내에서는 '조명을 계획한다'는 말 자체가 생소하다. 조명 디자인에 대해 소개해 달라.

정미(정): 많은 이들이 조명 기구를 선택해서 배치하는 코디네이션 정도를 떠올리지만 조명 계획은 공간의 분위기에 맞게 빛의 밝기, 배치와 수량을 정하는 것이다. 마감재와 마찬가지로 용도와 성격을 고려하지 않은 채 계획된 조명은 건축가의 의도와 다른 분위기를 연출하고 공간을 왜곡할 수 있다.

감: 조명 디자인을 시작하게 된 계기는 무엇인가?

정: 예전부터 계절에 따라 모습이 달라지는 자연처럼 변화하는 것에 관심이 많았다. 박사 과정에서 공간 디자인을 공부하며 공간은 상대적으로 고정적이고 특정 패턴으로 생활하도록 강요하는 것 같아 아쉬웠다. 그래서 '어포던스 디자인affordance design'이라는 용어를 만들고 논문을 쓰면서 정적인 공간에 변화를 줄 수 있는 방법을 고민했다. 당시 조명을 디자인하던 남편과 빛으로 여러 가지를 시도하면서 조명 디자인을 시작했다. 당시만 해도 기술적인 접근이 대부분이었는데, 건축가의 의도에 맞는 계획안을 제안하면서 우리만의 정체성을 갖게 됐다.

감: 설계에서 조명을 고려하는 것은 어느 단계부터인가?

정: 건축물의 용도와 콘셉트, 클라이언트의 의견에 따라 다르다. 밝고 화사한 공간을 계획한다면 콘셉트를 잡을 때부터 건축가와 함께 논의해 외관과 마감 소재를 정한다. 반면 어두운 곳은 기본설계 단계부터 고려하기도 한다. 실시 설계에서는 이미 다른 것들이 계획된 상태이기 때문에 건축화 조명 외에 별다른 선택지가 없다. 가장 이상적인 것은 콘셉트를 잡는 단계부터 참여해 건축가와 함께 계획하는 것이다. 조명은 공간을 돋보이도록 하기 위한 재료인만큼 독자적으로 결정할 수 없다. 건축, 인테리어와 조명 파트가 끊임없이 아이디어를 내고 공간에 맞게 디자인을 하다 보면 공간 디테일까지 바뀌어야 하는 경우도 생긴다. 그래서 항상 공간을 계획한 디자이너들과 협의해 진행한다.

침실 천장에 점처럼 작은 구멍을 내 간접조명 방식으로 계획한 힐링스테이 코스모스 리조트는 작은 구멍에서 빛이 은은하게 퍼지면 좋겠다는 더시스템랩 김찬중 대표의 의견이 반영됐다. 인천 파라다이스시티 호텔의 다이닝 공간 루빅은 비슷한 방식으로 천장에 육각형 패턴의 틈을 내 실내를 밝혔다. 이는 인테리어에서 사용한 기하학적 무늬를 응용해 공간의 통일성을 주고자, 우리가 제안한 것이다.

감: 주로 어떤 규모와 용도의 건축물을 작업하나?

정: 호텔, 상업 시설, 사무실 등 섬세한 조명이 필요한 공간은 모두 한다. 실내 공간 외에 브랜드에서 건물이 돋보이도록 경관조명을 의뢰하기도 한다. 용도와 규모에 따라 고려해야

울릉도에 위치한 힐링스테이 코스모스 리조트. 작은 구멍에서 빛이 은은하게 퍼지면 좋겠다는 건축가의 의견을 반영해 천장에 점처럼 작은 구멍을 내 간접조명 방식으로 계획했다.

할 것이 달라 항상 새롭다.

실내의 조명을 설계할 때는 먼저 공간을 분석하고 용도나 콘셉트에 맞는 안을 제안한다. 예를 들어 상업 시설은 건물 전체의 조명을 관리하기 쉽도록 건축화 조명을 배치하고 개인 주택은 건축주가 생활하면서 유지 보수가 편하도록 펜던트나 스탠드 같은 공간 분리형 조명을 계획한다.

감: 실내에서 경험하는 빛 환경에는 조명뿐 아니라 자연채광도 포함된다. 인공광과 자연채광은 어떻게 조율하는지 궁금하다.

정: 보통은 개구부의 면적에 따라 실내의 자연채광량을 산출하고 필요한 곳에 인공 조명과 반사판을 배치한다. 하지만 최근 유리 커튼월 건물이 많아지면서 채광량을 예측하기 어려워졌다. 더욱이 제품의 성능이 정해진 메탈할라이드나 할로겐 램프와 다르게 LED는 브랜드마다 빛의 밝기와 색온도가 달라 모든 제품의 성능을 알아야 한다. 또 제시된 성능을 현장에 적용했을 때 마감재 등에 의해 의도했던 것과 차이가 날 수 있으니 실제 밝기나 색온도를 외워 현장에서 즉각적으로 대체하기도 한다. 이제는 디자인뿐만 아니라 점등과 소등을 포함해 밝기를 조절하는 디밍, 색 변화까지 모든 것을 제어하는 전자시스템도 고민한다. 디자인과 공간 분석은 물론, 연출 방식에 따라 통신 배선도 함께 그리다 보니 건축가가 조명을 계획하는 것이 더 힘들어지고 있다.

감: 한 건물 안에는 여러 성격의 공간이 모여 있다. 어떤 공간을 우선적으로 계획하나?

정: 공간의 성격에 따라 필요한 빛의 양이 다르기 때문에 먼저 도면을 보고 분석한다. 그리고 건축가와 공간의 중요도를 협의하여 순서를 정한다. 호텔의 경우 처음 마주하는 공간이 건물의 인상을 좌우하기 때문에 주로 홀이나 로비처럼 시선을 사로잡는 '와우스페이스'를 먼저 작업한다. 그다음 카페나 레스토랑 같은 F&B 공간을 디자인한다. 객실은 건축주의 의견에 따라 순서가 달라진다. 물론 객실이 호텔에서 가장 핵심적인 공간이지만 5성급이나

6성급에서는 대개 우아한 분위기를 추구하기 때문에 시도할 수 있는 것이 제한적이다. 오히려 비즈니스 호텔이 더 자유롭다. 여의도 글래드 호텔은 다운라이트를 없애고 간접조명을 배치했다. 처음 공간에 들어섰을 때는 어둡다고 느낄 수 있지만 파티를 할 수 있도록 벽을 최소한으로 밝히고 스탠드처럼 이동이 가능한 조명을 배치해 캐주얼한 분위기를 연출했다. 또 홍대에 위치한 롯데 L7호텔은 문화, 예술 활동이 활발한 지역의 특성을 반영해 형형색색의 마감재를 썼고 조명도 그에 어울리도록 자유롭게 배치했다.

감: 각 공간마다 밝기나 색온도는 어떤 기준으로 정하나?

정: 건축가가 의도하는 밝기에 따라 조명의 위치와 수를 정한다. 공간에 들어섰을 때 가장 먼저 정면을 마주보는데 이때 천장과 바닥의 빛이 강하면 산만하게 느껴진다. 그래서 천장의 마감재가 어둡다면 조명을 많이 배치하고,

대리석처럼 반사율이 높은 재료는 마감재를 바꾸거나 조명을 변경하는 등 공간이 균형을 이루도록 재료와 조명을 함께 조절한다.

국내에서는 작업에 따라 필요한 밝기를 KS기준으로 권장한다. 하지만 이는 메탈할라이드와 할로겐램프를 광원으로 했을 때의 기준이다. 도로의 가로등, 보안등처럼 안전과 직결되는 조명은 교통법으로 규정하고 있어 이를 준수하지만 실내에서는 LED를 주로 사용하기에 광원의 휘도나 색온도가 달라 참고하는 정도로만 본다.

감: 내부 공간뿐 아니라 건물의 외부, 도시의 경관조명도 계획한다.

정: 건물과 도시 모두 겉으로 드러나는 외관을 통해 정체성을 얻는다. 특히나 야경은 그 도시의 상징이자 경쟁력이다. 파리 하면 에펠탑과 샹젤리제 거리, 홍콩은 빅토리아 피크, 뉴욕은 타임스 스퀘어를 연상하고 모두 낮보다는 밤의 모습을 먼저 떠올린다. 상하이에서는 2000년

인천에 위치한 아트파라디소. 호텔에서 현대미술을 함께 경험할 수 있도록 디자인됐다.

△△△ 여의도에 위치한 글래드 호텔.
파티를 즐길 수 있도록 이동이 가능한 조명
기구를 배치했다.
△△ 홍대 L7 호텔. 홍대의 활기찬 분위기에
어울리게 형형색색의 마감재와 가구로
공간을 꾸몄다.
△ 홍대 L7 호텔의 꼭대기층에 위치한 바.

초반에 도시를 개발하면서 전력공급이 원활하지
않음에도 경관조명을 계획했다. 실내의 불을
끄면서까지 야경을 과시해 스스로의 경쟁력을
표현한 것이다. 이처럼 도시마다 경관조명을 통해
각자의 정체성을 드러낸다.

감: 서울도 경관조명 마스터플랜이 있나?
정: 서울 역시 10년마다 경관조명의
마스터플랜을 정하고 우리는 2010년부터
참여했다. 2020~2030년은 '하모니 서울'을
콘셉트로 계획했다. 비빔밥은 여러 재료를 잘
버무려서 먹는 한국만의 독특한 음식이다.
무언가가 조화롭게 어우러지는 문화는 역사와
첨단의 건축물이 한데 섞인 도시의 풍경에서도
찾을 수 있다. 서울은 독특하게 역사와 첨단의
요소가 섞여 있다. 그래서 이를 조화롭게 잘
어우르도록 계획했다. 숭례문과 같은 문화재
건축물은 돋보일 부분을 정해서 밝히고 그림자를
계획한다. DDP와 현대적인 건축물은 불이
빛나는 곳을 달리하거나 밤새 건물 전체를 환하게
밝히는 등 용도별로 계획해 전체가 균형 있도록
한다.

감: 경관조명을 계획할 때는 무엇을 고려하나?
정: 건물의 외관이나 도시의 경관조명은
기준보다 주변의 환경을 더 많이 고려한다.
빛은 상대적이기 때문에 어두운 공간에서는
화려하지 않아도 눈에 띄지만 간판이 휘황찬란한
번화가에서는 밝게 계획해도 묻힐 수 있다.
그래서 주변의 밝기를 1이라고 가정했을 때
건물을 어느 정도로 밝게 할 것인가를 고민한다.
단, 빛공해방지법에서 주택가의 경우 1대 2,
상업건물은 1대 3으로 제한하기 때문에 규정
내에서 밝기를 조절해 결정한다.

**감: 조명이 건축에 더 다양하게 활용되기
위해서는 건축가나 대중이 어떤 관점으로 빛을
바라봐야 하나?**
정: 많은 이들이 불을 켜고 끄는 정도로 가볍게
여기지만 우리가 생활하는 공간에서 빛의
역할을 생각한다면 좀 더 신중하게 선택해야
한다. 대부분 예산을 짤 때 조명에 대한 비용은

©파라다이스시티

파라다이스시티 호텔 전경.

고려하지 않는다. 남은 예산에서 선택하다 보니 저렴한 제품을 주로 쓴다. 하지만 저렴한 TV일수록 상이 흐리고 색이 선명하지 못하듯 조명도 LED를 사용하면서 품질 차이가 극명해졌다. 고품질의 조명은 색온도나 밝기가 정확하지만 그렇지 못한 것은 같은 백색도 푸르거나 붉은 색이 섞여 얼룩덜룩해 보인다. 심지어는 조명 기구를 판매하는 회사에 조명 계획을 맡기기도 하는데 이는 자재 업체에 설계를 맡기는 것과 같다. 앞서 말했듯 조명도 시스템으로 제어하고 관리하는 분야가 되면서 단순히 빛을 배치하는 것만으로는 공간을 연출하는 것이 어려워졌다. 조명을 소재이자 마감재로 생각해 설계 단계에서 결정하고 적극적으로 사용했으면 한다.

정미(이온에스엘디 대표)
1994년부터 디자이너로 활동을 시작하여 2002년부터 이온에스엘디 대표이사를 맡고 있다. 대표작으로는 2016년 준공된 잠실 제2롯데월드타워 및 영종도 파라다이스시티(2018), 울릉도 힐링스테이 코스모스 리조트(2018) 등이 있다. 또한 서울시 야간경관 계획과 같은 도시경관 계획을 통해 쾌적하고 조화로운 도시의 야간경관 이미지를 형성하고자 노력하고 있다.

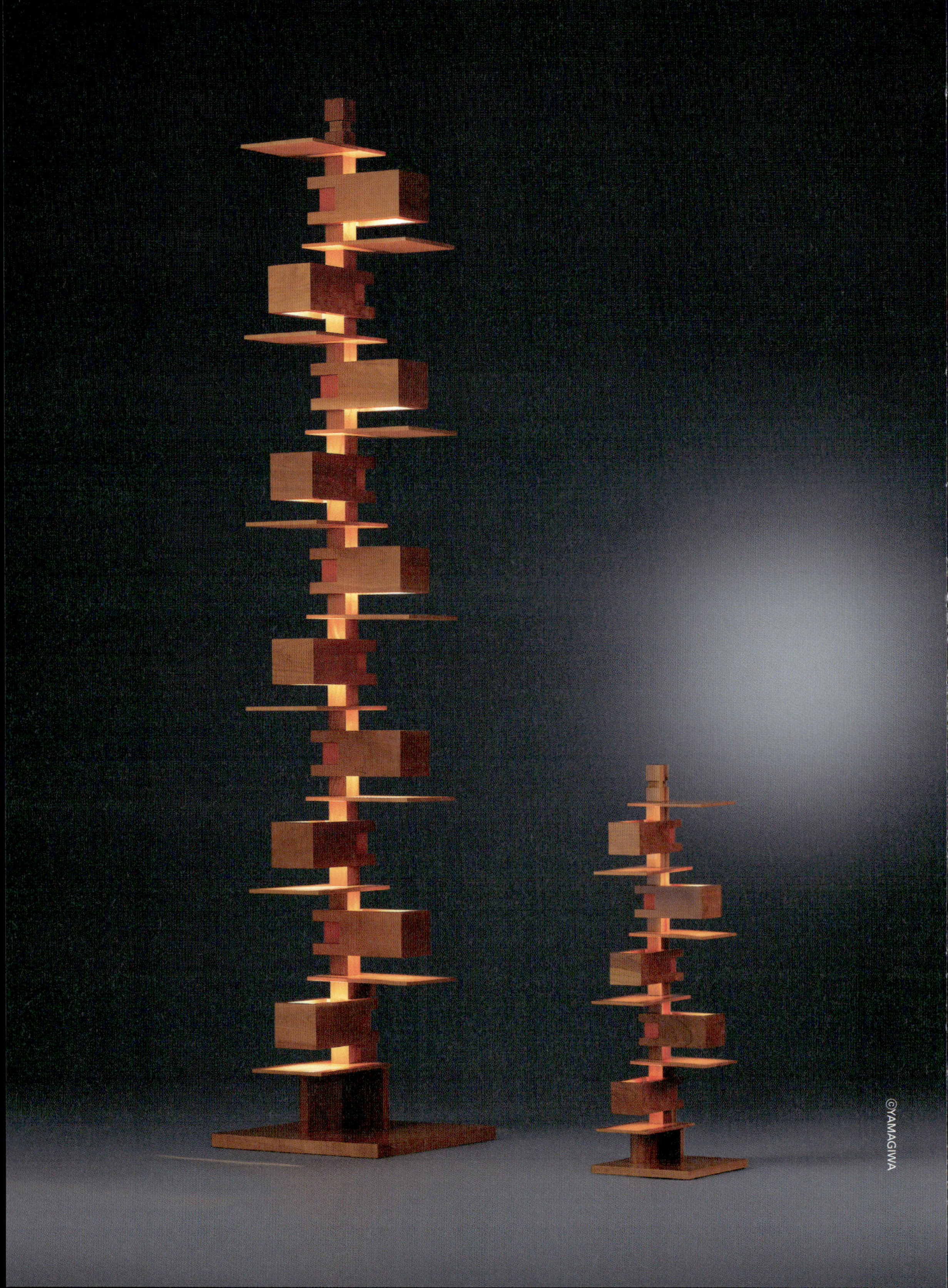

©YAMAGIWA

성능과 미를 겸비한 조명 기구의 등장

LED가 보편화되면서 광원이 통일되고 대중의 관심은 자연스럽게 조명 기구로 집중됐다. 이제는 시내 한복판에서도 세련된 디자인의 조명을 쉽게 구할 수 있다. 우리는 수백 가지의 제품 중에서 각자의 취향에 맞게 선택한다. 이번 편에서는 광원의 특성을 바탕으로 고안된 두 가지와 빛을 중요하게 고려하는 건축가가 디자인한 네 가지 조명을 소개한다.

글 정신오

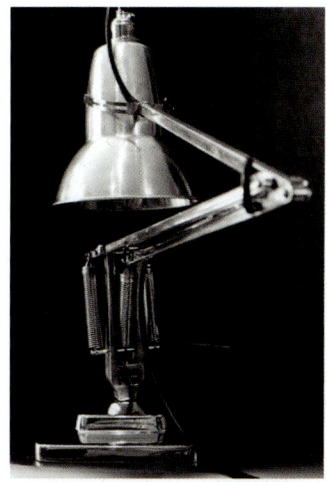

△△ 1933년 출시된 앵글포이즈 램프 룩소.
△ 루이스 폴센의 PH. 폴 헤닝센은 빛의 각도를 계산해 전등갓을 디자인했다.

밤에도 낮과 동일하게 생활하고자 하는 인간의 욕망은 전기 조명의 발명을 이뤘다. 전구의 등장과 함께 해가 진 후에도 활동이 낮과 크게 다르지 않게 된 19세기 이후부터 빛을 효과적으로 사용하고자 조명 기구에 대한 연구도 본격적으로 시작된다.

서양에서는 일찍이 조명의 기능과 디자인적 요소에 주목했고 낮 시간이 짧은 북유럽에서는 루이스 폴센, 노턴 라이팅 등 '명품'이라고 불리는 조명 브랜드가 대거 탄생했다. 픽사의 마스코트 '룩소 주니어Luxo Jr.'는 1933년 처음으로 출시된 앵글포이즈 램프에서 디자인 모티브를 얻었다. 단순한 형태지만 관절처럼 접을 수 있는 지지대가 있어 원하는 대로 각도를 조절할 수 있다. 최근에는 인더스트리얼 인테리어에 소품으로 자주 활용된다. 기능성을 확보하면서 조형적 아름다움을 갖춘 조명은 태초의 빛, 원초적인 광원과는 다른 방식으로 공간을 밝힌다.

기능과 심미성을 갖춘 조명의 탄생

에디슨의 전구는 가스나 아크와 달리 유해물질이 발생하지 않아 안전하고 편리하다. 하지만 석유등과 비교해 상대적으로 눈부심이 심하고 어두운 부분의 경계가 극명해 모든 이들에게 사랑받진 못했다. 그럼에도 20세기 초반까지 조명을 활용하는 방식이라고는 그대로 노출하거나 반구형의 갓을 씌워 빛을 차단하는 방법뿐이었다. 이같은 문제를 해결하기 위해 고안된 것이 덴마크의 명품 조명 루이스 폴센이다.

루이스 폴센의 아버지 폴 헤닝센은 전기 조명의 빛을 따뜻하고 자연스럽게 연출하고자 확산하는 방법을 고민했다. 그는 빛의 각도를 계산하고 부드럽게 퍼지도록 전등갓을 디자인했다. 1927년 마침내 그가 선보인 조명 PH는 완만한 곡선의 크기가 다른 세 전등갓을 켜켜이 쌓은 모습이다. 그는 세 전등갓의 직경이 4대 2대 1이 되도록 하고 작은 것부터 수직으로 배치했다. 그 결과 가장 큰 전등갓에 설치된 광원의 빛은 아래 전등갓의 표면을 따라 부드럽게 퍼졌다. 테이블 스탠드로 시작한 PH는 현재 플로어 스탠드, 펜던트 등 다양한 형태를 띠고, 금속을 비롯해 여러 소재로 출시되고 있다. 그럼에도 90년이 지난 지금까지 고집하는 것이 있다면 폴 헤닝센이 고안한 확산 방식이다. 공장 생산 방식이 보편화된 21세기에도 루이스 폴센에서는 한 직원이 하나의 제품을 처음부터 끝까지 책임지고 만든다. 폴 헤닝센의 연구를 바탕으로 확산 각도의 오차를 최소화하기 위함이다. 분체도장, 금속을 곡선으로 다듬는 메탈 스피닝처럼 기계가 구현하기 어려운 공정은 수작업을

고집해 100여 년의 명성을 유지하고
있다.

　1951년 조각가이자 디자이너 이사무
노구치Isamu Noguchi는 전등갓이 광원
전체를 감싸는 스탠드를 계획해 빛을
확산시켰다. '작은 불빛'을 뜻하는
일본어에서 이름을 딴 아카리(灯り)는
일본 어부가 사용하던 종이 초롱불에서
영감을 받았다. 이 조명은 구형으로 철재
뼈대를 잡고 얇게 켠 대나무로 층층이
원형의 테두리를 감은 뒤, 닥나무로 만든
일본 수제 종이 와시(和紙)를 붙여서
제작한다. 완전히 굳어서 고정되면 구형의
철재를 제거해 대나무 틀과 종이만을
남긴다. 와시로 감싸인 광원은 종이를
투과하며 은은히 실내를 밝힌다. 아카리
램프는 아코디언처럼 종이를 접이식으로
사용하며 크기를 조절할 수 있다. 현재는
플로어 스탠드, 테이블 스탠드, 펜던트
등 다양한 시리즈로 출시되며 건축가,
디자이너가 사랑하는 조명으로 꼽힌다.

거장의 빛을 재현하다

빛을 효과적으로 활용하기 위해 많은
건축가가 조명을 디자인하기도 했다.
그중 일부는 조명회사에서 라이선스를
획득해 오늘날까지 생산하고 있다.
1993년 설립된 이탈리아 조명 브랜드
네모NEMO는 이탈리아의 가구디자이너
프랑코 알비니Franco Albini, 디자이너
샬롯 페리앙Charlotte Perriand과 협업해
마스터 컬렉션을 선보였다. 그중에는 르
코르뷔지에가 디자인한 조명도 있다.

　롱샹성당에서 벽의 두께를 달리해
자연광을 색다른 방식으로 실내에
유입한 그는 이미 섬세하게 빛을 다루는
것으로도 잘 알려져 있다. 실제로
몇몇 프로젝트에서는 직접 조명을
디자인하기도 했다. 대표적으로 유니테
다비타시옹Unite d'Habitation, 1952을 위해
설계된 벽등인 람프 드 마르세유lampe
de marseille가 있다. 람프 드 마르세유는

△△ 유니테 다비타시옹을 위해 설계된 벽등 람프 드 마르세유.
△ 인도 찬디가르 의회에 놓인 플로어 스탠드 팔리아먼트.

◁◁ 조각가이자 디자이너 이사무 노구치가 일본 어부가 사용하던 종이 초롱불에서 영감을 받아 디자인한 아카리 램프.
◁ 프랭크 로이드 라이트가 디자인한 탈리에신 조명. 일본의 조명회사 야마기와에서 라이선스를 갖고 생산하고 있다.

방향을 조절하기 위한 ㄱ자, ―자 조인트, 전등갓으로 구성돼 있다. 위치를 정한 벽면에 철물을 고정하고 ㄱ자 조인트의 수직부를 꽂으면 수평부를 180° 회전할 수 있고, 전등갓에 연결된 조인트로 빛의 방향을 조절하는 것도 가능하다. 전등갓은 직경이 각각 11cm, 30cm인 두 원뿔을 맞댄 형태로 필요에 따라 크기를 바꿔서 밝기를 선택하도록 디자인됐다. 인도 찬디가르 의회에 놓인 플로어 스탠드 팔리아먼트Parliament는 람프 드 마르세유와 마찬가지로 전등갓에 철물이 연결돼 있어 방향을 조절할 수 있다. 전등갓은 직경이 12cm, 16cm로 서로 다른 두 원뿔을 겹친 형태다. 이처럼 그가 개발한 조명은 원뿔, 원기둥을 활용한 형태가 많은데 르 코르뷔지에는 그 이유에 대해 "눈은 빛을 통해 사물을 보는데, 빛을 가장 뚜렷하고 명확하게 노출하는 형태는 정육면체, 원뿔과 같이 기본적인 조형"이라고 말한다.
일본의 유명 조명회사 야마기와YAMAGIWA 역시 건축가가 디자인한 조명의 라이선스를 구매해 현대에까지 생산한다. 대표적으로 자연과 건축의 조화를 강조했던 프랭크 로이드 라이트Frank Lloyd Wright의 조명인

탈리에신TALIESIN 시리즈가 있다.
탈리에신 시리즈는 그의 대표작 중 하나였던 탈리에신 하우스가 불타고 재건하면서 제작한 펜던트 조명이다. 낙수장을 연상케 하는 수직과 수평의 선에서, 구조와 건물이 자연스럽게 조화되는 것을 중요하게 생각했던 그의 철학을 엿볼 수 있다. 탈리에신은 플로어 스탠드, 펜던트 등 여러 시리즈로 출시됐다. 그중 지난 2015년 출시된 탈리에신 4는 일본의 주거 공간 높이에 딱 맞게 제작됐던 이전 제품과는 달리 51.2cm로 아담하다. 소재는 호두나무와 벚나무 두 가지로 수평의 조명부를 지탱하는 기둥은 그가 사랑했던 진한 체리색으로 채색했다.

현대 건축가가 해석하는 조명

야마기와는 2007년 밀라노에서 일본의 건축가 이토 도요Ito Toyo와 협업한 마유하나MAYUHANA를 발표하기도 했다. 마유하나는 누에가 실을 칭칭 감아 만든 고치처럼 섬유를 감아서 만든 구형의 펜던트 조명이다. 아카리가 와시로 광원 전체를 감쌌다면 마유하나는 섬유를 여러 겹으로 감으면서 생긴 불규칙한

틈으로 빛이 새어나와 공간을 은은히 밝힌다. 얼기설기 짜인 세 구가 겹쳐진 모습을 보고 있자면 어두운 밤하늘의 흐릿한 달무리가 떠오른다. 2016년에는 서예의 먹을 묻힌 듯한 흑색의 제품을 출시하기도 했다. 이처럼 야마가와는 국제적으로 유명한 건축가의 조명을 재현하고 협업하며 다양한 제품을 출시하고 있다.
2013년 밀라노의 조명 쇼 유로루체Euroluce에서 자하 하디드Zaha Hadid는 슬램프SLAMP와 함께 디자인한 조명인 아리아ARIA와 아비아AVIA를 선보였다. 그는 조명을 디자인하기 전부터 여러 프로젝트를 통해 빛이라는 요소의 중요성을 강조했다. 로마 막시 미술관The MAXXI Museum Rome은 계단의 검은 난간과 대조적으로 바닥에 백색의 조명을 설치해 공간을 입체적으로 계획했다. 2010년 광저우 오페라 하우스The Guangzhou Opera House에서는 노을 진 구름을 연상케 하는 금빛 강당의 곡선 벽면에 조명을 매입해 별이 쏟아지는 듯한 풍경을 연출하기도 했다. 그간 선보인 건축과 마찬가지로 조명 역시 부드러운 곡선이 돋보인다. 대표작 아리아는 슬램프에서

특허를 받은 크리스털플렉스Cristalflex를 이용해 비정형의 모듈을 만들었다. 크리스털플렉스는 기존에 가볍고 유연성을 가진 플라스틱인 테크노폴리머에 투명성을 더한 소재다. 반투명의 모듈에 투과한 빛은 드라마틱한 효과를 내며 역동적인 그의 스타일을 드러낸다. 세장한 선에 50개의 모듈을 나선형으로 고정한 직경 90cm, 높이 130cm의 거대한 아리아는 현대판 샹들리에의 재해석을 보는 듯하다.

조명 기구의 미래

숨을 쉬는 데 공기가 필수적이고 이를 의학적으로 활용하기 위해 의료기기를 개발하듯 사물을 인지하는 데 빛이 필수적이고 가정과 사무실 등 필요에 맞게 사용하고자 조명 기구를 만들었다. 그러나 아파트가 보편적인 한국 가정에서 조명은 건설사에서 제공하는 '빌트인' 서비스의 선택사항 중 하나로 치부되어 크게 고려하지 않았다. 이제 막 조명 기구에 주목하기 시작했지만 국내 주거 환경에 맞게 제품을 개발하기보다는 해외 유명 제품을 모방해 저렴하게 판매하는 경우가 많다. 수입을 위해 필수적으로 거치는 품질테스트가 많은 비용과 시간을 필요로 하는 탓에 국내 회사에서 모사품을 제작해 저가로 판매하면서 나타난 현상이다. 가격도 파격적으로 저렴하니 소비자 역시 모사품을 많이 찾는다. 주거 환경에 맞게 조명 기구를 개발하려는 시도는 점점 줄어만 간다. 이에 직접 조명을 디자인하는 라이마스의 곽계녕 대표는 "소비자가 조명을 올바르게 이해하고 사용해야 시장도 더 다양한 가능성을 갖게 된다"고 말한다. 형태적인 아름다움만 좇을 것이 아니라 서양과 동양의 라이프스타일이 다름을 인지하고 우리의 생활 방식에 맞는 조명 기구는 무엇인지 고민이 필요한 때다.

야마기와와 이토 도요가 협업해 제작한 마유하나. 누에가 실을 칭칭 감아 만든 고치처럼 섬유를 감아서 만든 구형의 펜던트 조명이다.

©Matteo Stattari

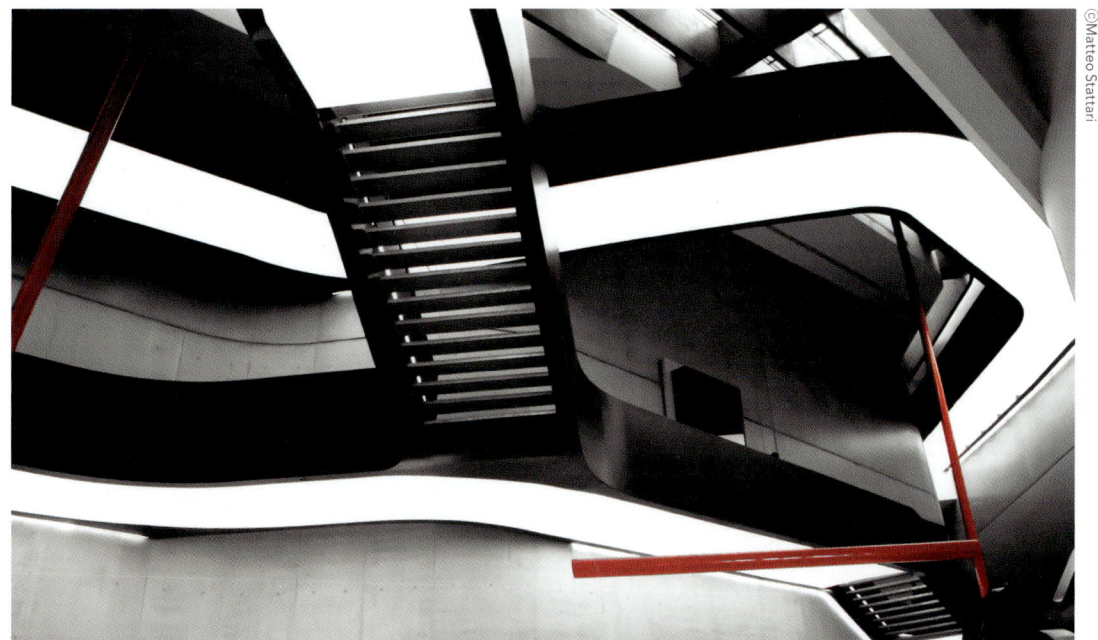

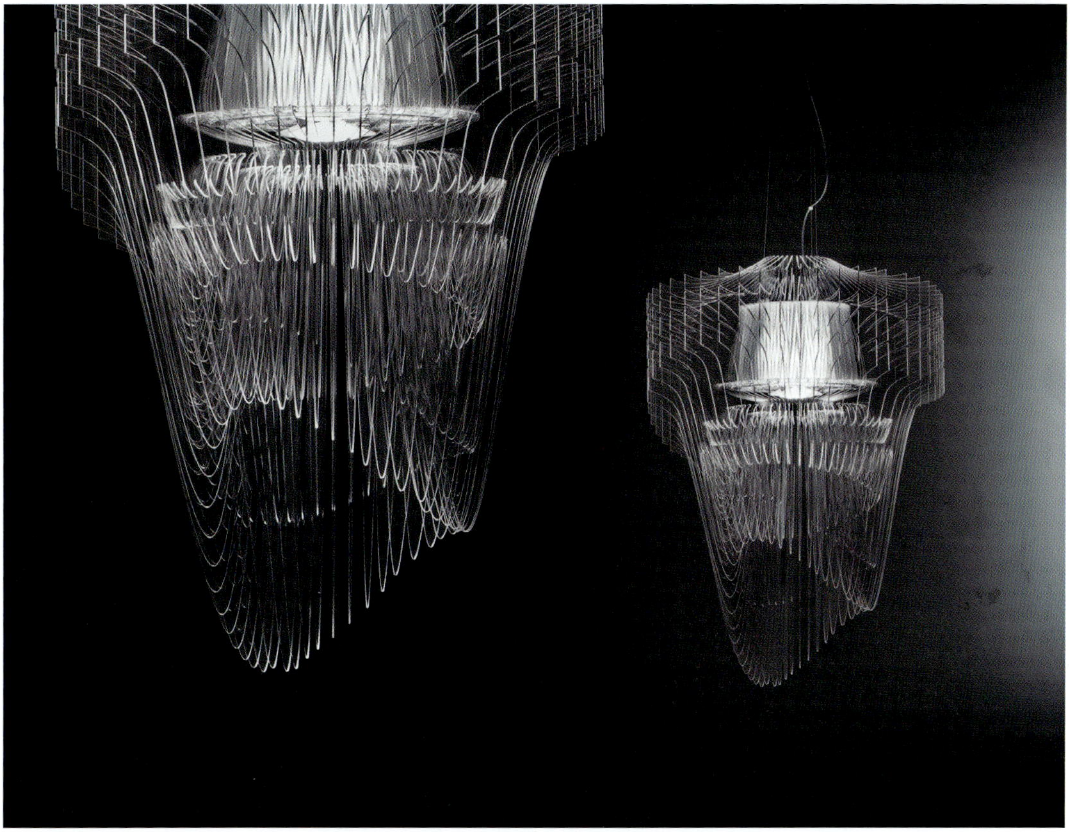

©SLAMP

△△ 자하 하디드가 설계한 로마 막시 미술관. 계단의 검은 난간과 대조적으로 바닥에 백색의 조명을 설치해 공간을 입체적으로 계획했다.
△ 조명회사 슬램프와 자하 하디드가 협업해 디자인한 펜던트 조명 아리아.

ⓒ신경섭

공간을 빛내는 조명을 디자인하다

빈브라더스, 연희동 모여집, 스테이 소도 등 최근 현대적인 인테리어로 주목을 받는 공간에 빠지지 않고 쓰이는 조명이 있다. 1973년 삼일전구로 시작해 2대째 가업을 이어오며 직접 디자인한 제품을 선보이는 라이마스다. 단순해 보이는 형태에는 건축을 전공한 곽계녕 대표의 섬세함과 트렌드에 맞는 조명을 만들겠다는 목표가 엿보인다. 인터뷰 정신오 인터뷰이 라이마스 곽계녕 대표

감씨(감): 국내의 조명 시장이 대부분 유통 위주로 이루어지는 데 반해 라이마스는 직접 제품을 디자인한다.

곽계녕(곽): 1990년경 중국의 조명 시장이 개방되고 국내시장은 저렴하게 수입해 온 제품을 되팔아 이윤을 남기는 유통 위주로 바뀌었다. 조명을 생산하는 업체는 급격히 줄었고 그나마 남은 곳은 스포트라이트처럼 대량 생산해서 단가를 낮출 수 있는 제품을 주로 취급한다. 하지만 이마저도 자본이 있는 대기업에서나 가능했다. 우리는 대량생산 대신 소량이지만 잘 디자인된 제품의 수요에 집중하고자 2010년부터 직접 조명을 디자인하기 시작했다.

유행에 발 빠르게 대응하는 조명을 만들기 위해 인테리어 트렌드와 소비자 동향에 예민하게 대응한다. 최근 5년 사이 가정에서는 북유럽풍이나 미니멀리즘처럼 깔끔하고 단순한 인테리어가 유행하고 있고 이에 어울리는 현대적인 조명을 디자인했다.

감: 2011년 출시된 에어 시리즈 이후 현재는 펜던트, 스탠드, 벽등 등 공간에서 분리된 방식의 조명을 주로 선보인다.

곽: 공간을 육면체로 보았을 때 바닥은 목재, 벽은 벽지로 꾸미지만 천장은 잘 이용하지 않는다. 아파트가 보편화되고 층고가 낮아지면서 넓어 보여야 한다는 강박관념에 흰색으로 남긴 듯하다. 조명은 마지막으로 남겨진 면에 대한 일종의 '개발'이다.

가정에서 흔하게 쓰이는 천장등은 디자인에 한계가 있는 데다 대량 생산 제품과 비교해 가격 경쟁력이 떨어진다. 또 주 고객층이 50대였던 2010년만 해도 무조건 밝은 조명을 찾았다면 최근에는 연령층이 낮아지면서 조도가 낮아도 편안하면서 아름다운 제품이 주목받는다.

이제는 빛이 반사돼 한층 부드러우면서 공간에 생기를 더하는 공간 분리형 조명 기구를 디자인한다.

감: 피프Pip는 쉽게 업라이트, 다운라이트 방식으로 바꿀 수 있어 소비자에게 인기다.

곽: 우리는 대개 직접조명의 환경에서 생활한다. 넓은 공간을 밝혀야 하는 사무실에서는 유용하지만 가정집에서는 좀 더 부드러운 빛을 내는 간접조명이 좋다. 필요에 따라 둘을 혼용하는 것이 가장 이상적이지만 이미 설치한 조명을 바꾸기 쉽지 않다. 그래서 전구부를 180˚ 회전해 광원의 방향을 바꾸는 제품을 고안하게 됐다.

피프는 전구부와 조명을 거는 고리로 구성되어 있다. 전구부의 양끝에는 위아래로 작게 홈이 파여 있는데, 고리의 볼록한 부분에 끼워서 고정하면 된다. 형태는 단순하지만 복잡한 설치 없이 필요에 따라 빛의 방향을 바꿀 수 있으니 사무실이나 가정에 모두 잘 어울린다.

감: 재료는 대개 금속을 사용한다. 조명 기구로 금속을 사용했을 때의 장점은 무엇인가?

곽: 초기에는 예산을 절감하기 위해 사용했다. 이제는 금형만 800만 원 가까이 투자하고

©라이마스

있지만, 당시에는 30~50만 원도 부담이었다.
금속은 경제적으로 쉽게 접근할 수 있는
재료다. 지금은 내구성을 갖추면서 정확하게
가공할 수 있어 선호한다. 또 도자기처럼
원료를 회전시키면서 모양을 잡는 메탈 스피닝,
거푸집에 용융물을 넣어 굳히는 주물, 레이저로
홈을 내는 레이저가공 등 가공 방법이 다양해
여러 가지를 시도할 수 있어 좋다. 최근에는 금속
외에도 아크릴과 블로잉 방식을 이용한 유리로
위아래를 동시에 밝히는 조명도 준비하고 있다.

**감: 조명 기구는 다양한 재료를 사용하는 만큼
여러 공정과 장비가 필요하다. 그래서 직접
생산하기보다는 업체에 제작을 의뢰하는
경우가 많은데 라이마스는 주로 어느 지역에서
제작하나?**
곽: 한국이 70%, 중국이 30%다. 중국
공장에서는 소통이 원활하지 못하니 피드백을
반영하는 데 오랜 시간이 걸린다. 게다가 도장
기술이 국내보다 현저히 떨어져 마감 품질이
낮다. 품질을 낮추면 가격을 낮춰 시장경쟁력을
갖출 수 있지만 그러고 싶지는 않다. 중국
공장에서는 제품의 형태만 잡고 마무리는 항상
한국에서 한다.

**감: 많은 조명 업체가 중국에서 완제품을
생산해서 가져온다. 중국의 비중이 적다니
의외다.**
곽: 조명은 물량이 적어 제작 기간이 길다.
품질을 낮추거나 대량생산하면 시간은 단축할
수 있지만, 패션처럼 유행을 타기 때문에
그때 팔리지 않은 제품은 금세 재고가 된다.
우리는 이를 최소화하기 위해 초기에 제품당
200~300개 정도만 만들고 판매 추이를 살피며
재생산한다. 가구라면 제작을 위해 2~3주도
기다리지만 조명은 그렇지 않다. 제품이 없으면
바로 대체상품을 찾는다. 그래서 품질을
갖추면서 제작 기간을 단축하기 위해 주로 국내
업체에 의뢰한다.

**감: 소비자의 접점을 늘리기 위해 여러 시도를
하고 있다.**
곽: 유통을 위주로 하는 매장에서는 제품이
많기 때문에 하나하나 상세하게 설명하지
않는다. 조명 사업을 처음 시작한 2010년에는
유통시장의 횡포가 특히 심했다. 소비자들이
제조업체에 직접 주문할 것을 우려해 포장
상자에 상표도 표시하지 못하게 했다. 결국
제품을 제대로 소개하려면 매장과 홈페이지를
갖춰야 한다고 판단했다. 2018년 1월, 소비자가
라이마스 제품을 만날 수 있도록 원남동에

ⓒ라이마스

ⓒ라이마스

ⓒ라이마스

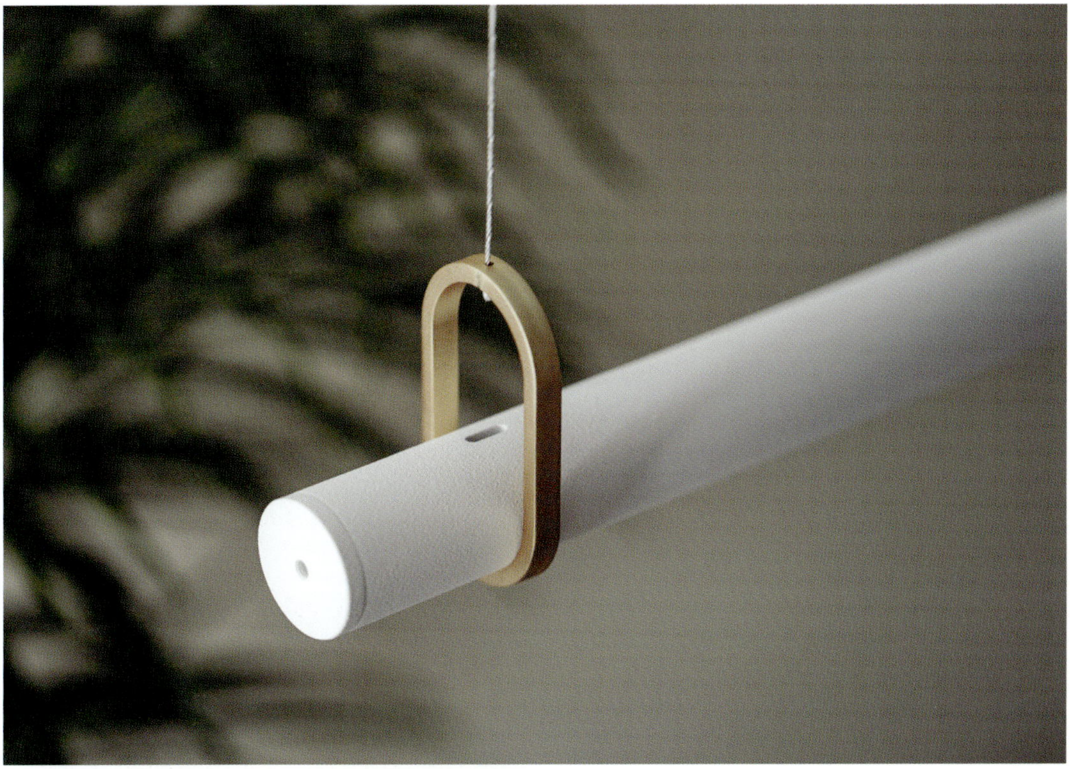

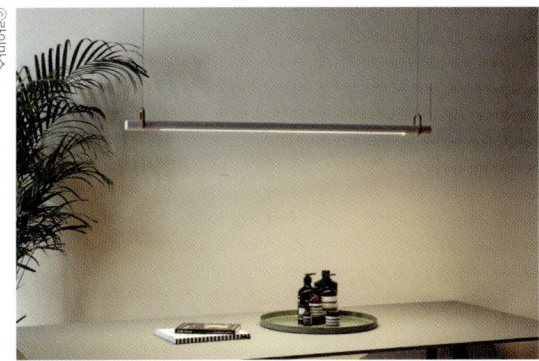

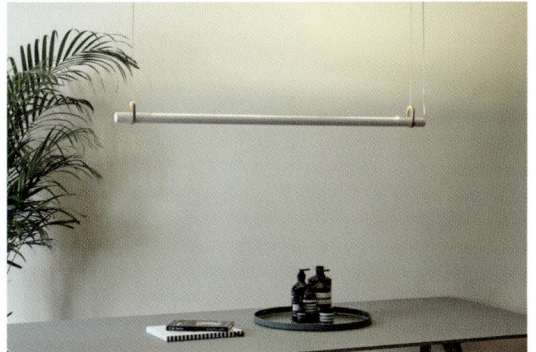

△△ 피프의 전구부를
180˚ 회전하면 빛의 방향이
달라진다.
△ 필요에 따라 업라이트와
다운라이트로 혼융할 수
있다.

쇼룸을 열었다. 최근에는 온라인으로 제품을 구입하는 경우가 많아 홈페이지에도 신경 쓴다. 제품별 설치 방법과 주의사항은 물론, 램프의 색상과 조도, 마감재 등 조명에 대한 기본 정보를 상세하게 안내한다.

감: 그 밖에 라이마스에서 제공하는 서비스가 있다면?

곽: 개인마다 생활 방식이 다르고 선호하는 조명이 다르지만, 국내시장은 이런 차이를 고려하지 않으니 우리가 직접 시스템과 자료를 만든다.

제품마다 사용 모습을 시각화한 자료도 갖추어 소비자가 직접 비교하고 판단하는 것도 가능하다. 4인 가정에서 흔히 쓰는 1,400mm의 테이블을 예로 들면 전등갓의 경사가 완만하고 크기가 큰 혹스톤은 하나만으로 안정감을 갖는다. 반면 전등갓의 경사가 가파르고 지름이 15.5cm로 작은 벨은 좁은 간격으로 두 개를 설치해야 비례감이 맞다. 공간에 배치했을 때의 비례감도 함께 확인할 수 있어 제품을 선택하기가 훨씬 수월하다.

감: 앞으로 계획 중인 작업이나 콘텐츠가 있다면 소개해 달라.

곽: 우리 제품뿐 아니라 타사의 조명을 선별해 소개하는 큐레이팅 콘텐츠도 계획 중이다. 조명을 판매하는 회사는 대부분 물건을 선별하기보다는 구색을 맞추기 위해 홈페이지에 무분별하게 제품을 게재한다. 체계가 없는 곳에서 좋은 조명을 찾기란 쉽지 않다. 하지만 소비자가 조명을 올바르게 이해하고 사용해야 시장도 더 다양한 가능성을 갖게 된다. 앞으로는 기능성을 갖추면서 아름다운 조명을 소개해 조명 시장의 폭을 넓히고 싶다. 그러기 위해서는 라이마스도 더 나은 제품을 만들고 시스템을 갖춰야 한다.

© 라이마스

1400mm 테이블 혹스톤 배치 입면도

1400mm 테이블 벨 배치 입면도

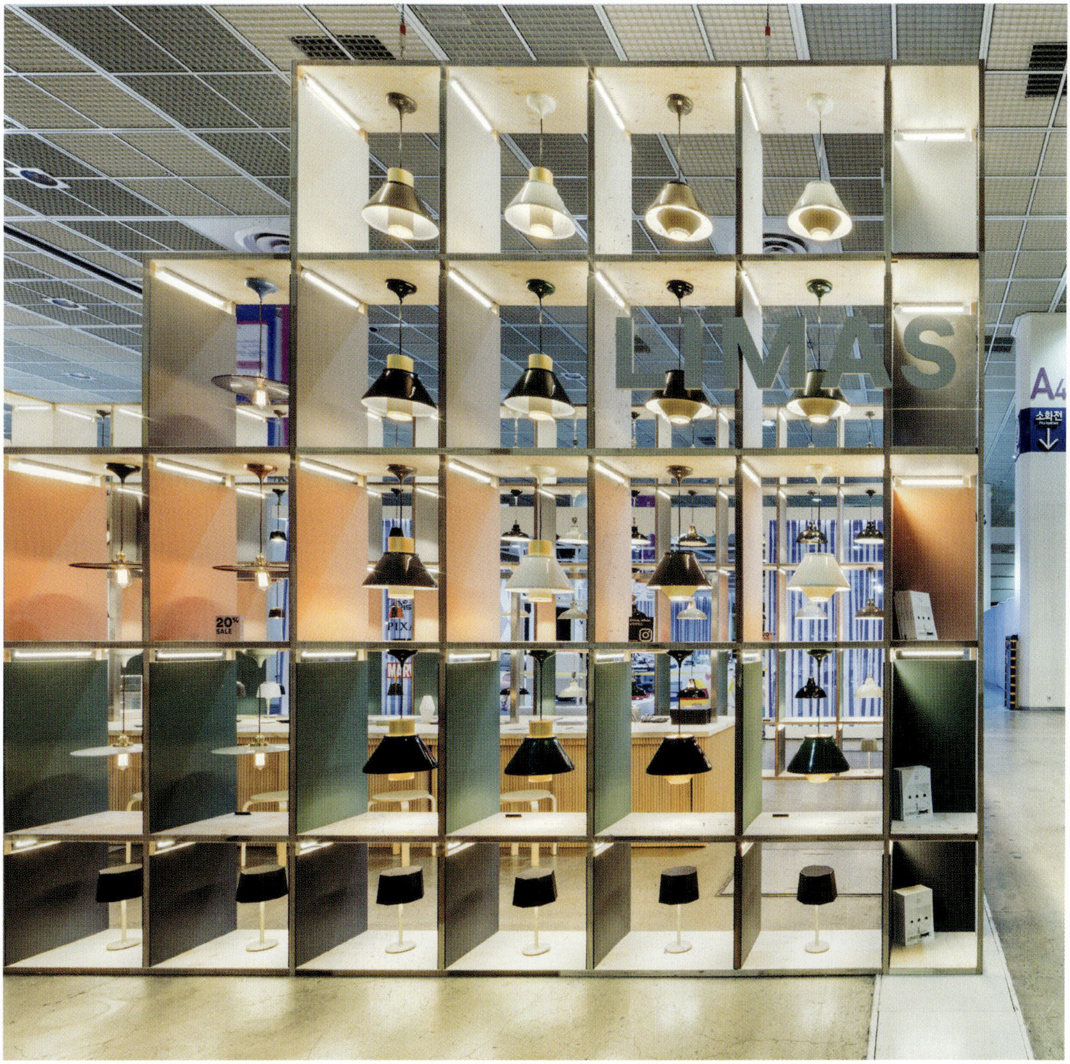

ⓒ신경섭

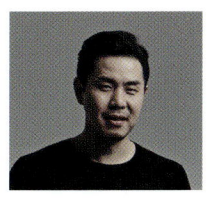

곽계녕(라이마스 대표)

중앙대학교 건축학과에서 건축을 공부하고 건축사사무소 매스스터디스에서 2년 동안 실무 경험을 쌓았다. 2010년에 폐업 직전의 삼일조명으로 들어와 리브랜딩을 통해 라이마스를 만들어가고 있다. 서울리빙디자인페어에서 새롭게 브랜딩한 라이마스를 소비자들에게 선보이고 새로운 조명을 만들기 위해 노력한다.

4

WORKS WITH
LIGHTS

interview
1

도시에 수놓은
빛의 그림

–

이재하
피투엘이디큐브 대표

–
피투엘이디큐브는 인천국제공항 제2여객터미널, 2018 평창동계올림픽 아이스 아레나 등 여러 프로젝트로
외국인에게 한국의 미래적인 이미지를 심어주었다. 또 부산항대교는 밋밋할 수 있는 구조물을 화려한 랜드마크로
계획하면서 LED의 가능성을 부각했다. 그러나 강렬한 인상을 남겼던 그간의 작업과는 상반되게 이재하 대표는
프로젝트마다 빛을 요소로 인식하기보다는 그대로 바라봐야 한다고 말한다. 인터뷰 정신오

감씨(감): 경관조명을 계획하는 것은 어떠한 작업인가?

이재하(이): 건물의 안팎을 나눠 생각할 수 없듯 경관조명도 실내와 함께 고려한다. 커튼월 건축이 많아지면서 내부의 조명 기구 패턴이 곧 입면으로 드러난다. 실내도 경관조명의 한 요소로 고려해야 한다. 우리는 건축가와 먼저 실내 조명을 협의하고 이와 균형을 맞춰 야간의 모습까지 계획한다.

감: 경관조명은 건축과 토목의 어느 단계에서 고려하나?

이: 건축의 계획단계부터 함께 고려한다. 건축가에게
기본 계획안을 받으면 의도를 파악하고 전체적인
비율과 연출 방향을 협의한다. 필요에 따라 건물의
형태를 변경하기도 한다. 이렇게 되기까지 무던히
많은 시간과 노력이 필요했다. 초기에는 대부분의
건축가들이 조명을 계획하는 우리와 설계안을
논하는 데 거부감을 보였다. 하지만 경관조명으로
설계를 변경하려는 것이 아니라 건축물이 돋보이도록
제안하는 것임을 강조했다. 이제는 계획단계부터
참여해서 협의한다.

토목은 조금 다르다. 토목은 구조가 곧 디자인이기
때문에 안전성을 최우선으로 한다. 특히 교량은 요소
하나하나가 중요한 구조물이어서 형태를 바꾸기
어렵다. 그래서 디자인을 마친 후에 조명을 계획한다.
부산항대교는 LED가 도입되기 시작할 무렵인
2014년의 작업인데, 교량의 구조적 아름다움을
강조하면서 새로운 광원의 표현력을 부각하고자 색이
변하는 등 다양한 연출을 계획했다.

2018 평창동계올림픽 아이스 아레나

조명 설계 피투엘이디큐브
담당 경관, 조경조명 설계
위치 강원도 강릉시 포남2동
대지면적 32,184m²
규모 지상 4층, 지하 2층
마감 PTFE
완공 2017년 3월
사진 박완순

광화문 포시즌스 호텔

조명 설계 피투엘이디큐브
담당 경관, 조경조명 설계
위치 서울특별시 종로구 당주동
대지면적 62,264m²
규모 지상 25층, 지하 7층
마감 석재
완공 2018년 1월
사진 박완순

광화문 포시즌스 호텔 전경.

내부의 빛이 밖으로
새어나오며 건물의 입면이
된다.

기본설계에서는 계획안에 대한 타당성을 따지고
이를 구현하기 위해 조명 기구를 정한다. 기구에 따라
제작이나 변경을 요청하기도 한다.

실시단계에서는 실시설계에서 결정된 마감
내용을 바탕으로 최적의 조명과 설치방식을
협의한다. 야경을 화려하게 만드는 요소지만, 낮에
보았을 때 방해가 되면 안 된다. 드러나지 않으면서
빛을 효율적으로 발산하도록 계획하는 것이 중요하다.

**갑: 실제로 구현하기 위해 구조, 성능 면으로 검증하는
테스트가 있다면?**

이: 단순히 벽의 형태를 ㄱ자로 꺾는 것만으로도
마감이나 예산, 구조에서 많은 변화가 발생한다.
변동사항이 있을 때마다 구조와 성능을 확인해야
하는데 이 과정에서 비용이 발생하고 시간이
소요된다. 우리는 건축설계사의 품질을 관리하는
QC Quality Control 본부, 기술적인 사항을 점검하는
TD Technical Design 본부 등과의 협의를 거쳐 진행한다.
프로젝트에 관한 변동사항을 문의하면 도면을 보고
즉각적으로 대응해 시간을 단축할 수 있다. 조명 기구
설치를 위한 디테일 협의와 설치 환경에서 나타나는
결로도 확인이 가능하다.

더불어 빛과 재료의 관계도 함께 확인한다.
건축가는 주간의 빛을 기준으로 마감재를 선정하지만
공간에 적용되는 조명의 빛은 자연광과는 차이가
있다. 그래서 프로젝트마다 재료실에서 조명 기구와
마감재를 선택하고 모형실에서 재료 간의 조화를
확인한다. 단순히 감을 잡는 정도지만 시공 후에
마감재나 조명 기구를 변경하는 빈도를 줄일 수 있다.
국내에서 이러한 팀과 시설을 갖추기가 쉽지 않다.
우리의 강점이다.

갑: 경관조명은 어떤 과정으로 계획하나?

이: 조명은 건축, 토목, 도시와 끊임없이 교류한다.
진행방식 역시 계획과 기본, 실시단계로 이들과 같다.
계획설계에서는 콘셉트와 연출 방향을 정하고
건축의 콘셉트와 비교한다. 현장을 방문해 주변을
조사하기도 한다. 건축과 차이가 있다면 우리는 낮과
밤의 현장을 모두 답사한다. 건축에서 낮의 모습을
계획했다면 밤에도 아름답게 빛나도록 하는 것이
우리의 몫이다. 그래서 해가 진 후 현장의 조건을
파악하는 과정이 중요하다.

부산항대교 전경.

감: 실내와 비교했을 때 어떤 점이 다르나?

의: 실내는 사람이 생활하고 직접 경험하기 때문에
연출을, 실외는 빛과 그림자의 관계를 신경 쓴다.
또한 경관조명에 쓰이는 기구는 항상 외기에 노출돼
내구성을 중점적으로 고려한다. 외부에 쓰이는
조명은 실내의 제품보다 기밀성이 뛰어나야 한다.
교량은 염해와 금속의 반응으로 등급을 나눈
마린 그레이드$^{Marin\,Grade}$를 살핀다. 고정구조물이
아니기에 미약하게나마 항상 진동이 있는 교량은
진동방지대책도 필요하다. 또 경관조명은 유지보수가
어려워 설치 후의 상황까지 고려해 계획한다.

감: 실내와 실외는 어떻게 조율하나?

의: 앞서 말했듯 실내와 실외를 분리할 수 없다.
실내를 계획하고 그 모습을 확인하면서 조화를
이루도록 실외의 조명을 설계한다. 그러나 뜻하지
않게 외관만 의뢰가 오기도 한다. 광화문 포시즌스
호텔은 외관 조명을 계획했다. 실내와 함께 진행하고
싶었으나 인테리어는 홍콩의 회사에서 계획했기
때문에 관여하지 못했다. 대신 계획하는 기간동안
실내에 쓰이는 조명의 색온도와 밝기를 계속
확인하고 그에 어울리게 외부를 계획했다. 그럼에도
노출되는 실내의 조명을 보면 여전히 아쉬움이
남는다. 최대한 실내외를 함께 계획해 이 같은 상황을
줄이고 싶다.

인천국제공항 제2여객터미널

조명 설계 피투엘이디큐브
담당 경관, 실내조명 설계
위치 인천광역시 중구 운서동
대지면적 384,335m²
규모 지상 4층, 지하 2층
마감 유리
완공 2018년 1월
사진 박완순

인천국제공항 제2여객터미널 전경.

감: 2018 평창동계올림픽 아이스 아레나는 건물 전체에 무지개색의 LED를 설치했다.

이: 올림픽은 전 세계의 축제로 이벤트성이
강해 일상적인 건축물보다 화려하게 계획했다.
초기에는 PVDF^Polyvinylidene fluoride 를 고려했다.
그러나 프로젝트를 진행하면서 여러 차례의
설계변경이 있었고 최종적으로 외장재가 불투명한
PTFE^PolyTetraFluoroEthylene 로 바뀌었다. 원안처럼
실내의 빛이 실외로 확산되는 것이 불가능해져
외부에 색이 변하는 투광기를 설치했다.

　동계올림픽이라는 행사를 위해 화려하게
계획됐지만 주변이 번화한 곳도 아니고 향후 사용에
대한 계획도 없어 도시적 관점에서는 아쉬움이
남는다.

감: 조명을 어떻게 인식하면 좋을까?

이: 조명을 계획하는 이들 대부분은 조명 계획이라는
분야를 바르게 인식하고 빛을 효과적으로 사용할
수 있는 조명 기구를 사용하길 권한다. 그러나
그 전에 조명을 인지하는 태도가 먼저다. 조명이
없었을 당시에는 태양빛을 인지했다면 인공조명을
사용하고부터는 '눈부시다'와 같이 빛을 판단한다.
빛의 존재를 건축적 요소로 인지하는 순간 비교군이
생기고 사회적인 문제로 떠오른다. 오히려 빛을
규정하지 않고 자연스럽게 느껴보기를 권한다.

이재하(피투이엘이디큐브 대표)
경남대학교 건축공학과를 졸업하고 비츠로 앤 파트너스에서 4년간 실무 경험을
쌓았다. 현재는 ㈜피투엘이디큐브에서 대표이사를 맡고 있으며 인천국제공항
제2여객터미널, 2018 평창동계올림픽 아이스 아레나, SOCAR Tower 등 국내외
여러 건축물의 빛을 계획한다.

상업 공간은 다양한 디자인 상품이
쏟아지는 만큼 제품이 돋보이도록 계획해
소비자를 사로잡는 것이 중요하다.
아티펙트는 디멘션 랩의 가구전시장, 클럽
파우스트와 탄츠바, 사보텐 콘셉트 스토어
등 여러 분야의 상업 공간을 디자인했고,
프로젝트마다 독특한 조명 방식을
선보인다. 형형색색 화려한 빛으로 상품을
매력적으로 돋보이게 하는 아티펙트의
노하우를 들어보았다. 인터뷰 정신오

**감씨(감): 상업 공간은 카페나 레스토랑, 의류, 소품
매장 등 분야가 다양하다. 공간을 계획할 때는 무엇을
중점적으로 고려하나?**

강예경(강): 공간마다 원하는 콘셉트나 분위기가
다르다. 낮에만 운영하는 곳이 있는가 하면 클럽처럼
밤에만 하는 곳이 있다. 프로그램마다 조건이 모두
제각각이니 건축주의 요구 사항과 공간의 운영 방식을
먼저 파악한다.

김형진(김): 상업 공간은 설계만큼이나 조명의 역할이
중요하다. 제품을 판매하는 곳은 특히 더 신경 쓴다.
쇼윈도에 놓인 명품은 특별한 장식 없이도 세련돼
보이지만 그곳을 벗어나면 진열됐을 때의 느낌이 나지
않는다. 쇼윈도의 조명만큼 질감과 색을 선명하게
부각하지 못해서다. 빛에 따라 사물의 느낌이
달라지니 디자이너의 의도대로 제품을 보여주기
위해서는 그에 맞는 조명을 선택하고 배치해야 한다.

직접 가구를 디자인하고 제작하는 디멘션 랩의 쇼룸은 크림톤 패브릭의 질감과 색을 살리기 위해 연색지수 95Ra 의 전구를 사용했다.

감: 공간에서 조명의 역할은 무엇이라고 생각하나?

강: 빛은 형태를 가늠할 수는 없지만 공간을 채우는 존재다. 기능적으로 중요한 것은 물론이고 존재만으로 사람의 감성을 자극하니 물리적 재료만으로는 느낄 수 없는 특유의 힘이 있다. 그래서 더 신경 쓰고 여러 가지를 시도한다.

감: 몇 해 전까지만 해도 상업 공간에 레일을 설치한 트랙 조명을 많이 썼다면 최근에는 기존의 틀에서 벗어난 다양한 시도를 볼 수 있다. 서정화 작가가 기획한 압구정의 카페 에세테라는 실내 천장에 한두 개의 직접조명을 배치한 것을 제외하면 모두 벽등이나 스탠드같은 간접조명을 사용했다. 기능적인 면을 충족하는 동시에 기하학적 형태의 조명을 사용해 공간에 생기를 불어넣는다.

조명을 중심으로 인테리어를 완성도 있게 재현하는 시도가 다양해지고 있다. 잘 계획된 로비도 한순간에 황토방으로 만드는 것이 조명이다. 미세한 차이로도 재료의 색과 질감을 좌우해 공간의 분위기가 바뀔 수 있으니 항상 신경 쓰고 새로운 방법을 고민한다.

이태원에 위치한 탄츠바는 컬러조명을 사용해 상징색인 녹색을 공간 전체에 녹였다.

감: 조명으로 제품을 돋보이게 하는 비법은 무엇인가?

감: 광질(光質)이다. 제품을 판매하는 상업 공간, 식욕을 돋궈야 하는 레스토랑은 조명의 연색성이 매우 중요하다. 그래서 자연광과 얼마만큼 유사하게 색을 재현하는지를 나타내는 연색지수, CRI를 보고 인공광을 선택한다. 연색지수는 1~100 사이의 값으로 표기하고 수가 클수록 재현도가 높다. 국내에서 좋은 조명으로 판매되는 것은 80Ra 정도고 90Ra보다 높으면 품질이 좋다고 평가한다. 하지만 연색지수는 파장별 색 재현도의 평균값이기 때문에 수치가 높아도 특정 색에 대한 재현도가 떨어지면 실제와 다르게 보일 수 있다. 대표적으로 푸른 계열의 빛이 강한 LED는 다른 색에 비해 적색 재현율이 떨어진다. 일부 제조사는 제품 성능란에 붉은 계열의 색 재현율을 나타내는 R9$^{\text{R9 Color Rendering Value}}$ 값을 별도로 표기한다. R9 값이 낮으면 사람의 얼굴이 핏기없이 창백하게 보인다. 대부분 표시하지 않기 때문에 수치가 표시된 제품은 품질을 자신한다고 봐도 괜찮다. 성능이 우수한 만큼 가격도 급격히 오르지만 갤러리에서 작품을 전시할 때 빛의 색과 방향에 신경 쓰듯 상품을 온전히 보여주기 위해서는 필요한 투자다.

클럽 파우스트 앤 탄츠바

설계 강예경 (ARTEFACT)
위치 서울특별시 용산구 이태원동
연면적 311.5m²
마감 타일, 합판
완공 2018년 4월
사진 여인우

사용한 조명
클럽
전구 사양 Philips LED lamp

바
전구 사양 Elektra GMBH LED T5

바 벽체
전구사양 Philips G9 LED
제조사 아떼라이팅
소재 금속, 유리

디멘션 랩

설계 강예경 (ARTEFACT)
위치 서울특별시 강남구 삼성동
연면적 184.7m²
마감 콘크리트, 바리솔 시트
완공 2018년 4월
사진 여인우

사용한 조명
1층 쇼케이스
품명 CARREE ST OK S1
제조사 삼진조명

1층 트랙조명
품명 Eco mini track
제조사 Viabizzuno

지하 상담실
품명 Flamingo Pendant
제조사 Vivia
소재 종이+수지마감

강: 직접 가구를 디자인하고 제작하는 디멘션
랩의 쇼룸에서 활용했다. 디멘션 랩은 의자의
쿠션부에 크바드라트Kvadrat라는 패브릭을 사용한다.
크바드라트는 색이 선명하고 질감이 독특해 가정에서
사용하는 일반적인 조명으로는 실제와 가깝게
보여주기 어렵다. 그래서 쇼윈도에 트랙 조명을
설치하고 연색지수가 95Ra인 전구로 가구를 비쳤다.
고품질의 제품을 사용한 만큼 비용이 많이 들어
처음에는 건축주도 반대했다. 하지만 지금은 조명
덕분에 제품이 산다고 말한다.

강: 기준이 있다면 좋겠지만 국내에서는 조명의
성능을 쉽게 파악할 수 없어 직접 확인한다. 같은
성능의 빛도 현장의 상황이나 마감재, 환경에 따라
다르게 느껴질 수 있으니 항상 몇 가지의 전구를
현장에 가져가 확인하고 조도와 색온도, 밝기를
점검한다.

김: 유럽에서는 조명의 성능을 차트로 만들어 한눈에
확인할 수 있게 하고 조도 시뮬레이션을 해주기도
한다. 색온도도 100K마다 구분해 세분화하지만
국내에서는 주광색, 주백색, 전구색 등으로
뭉뚱그린다. 아직 체계가 없으니 정확한 성능을 알기
어렵고 시행착오를 겪으면서 터득하는 수밖에 없다.

클럽 파우스트는 음악을 즐길 수 있도록 최소한의 빛을 기능적으로 배치했다.

사보텐 콘셉트 스토어는 남녀노소 누구나 방문할 수 있도록 사용자를 유형별로 분류하고 그에 맞게 조명과 가구를 배치했다.

감: 조명을 공간의 콘셉트를 표현하는 데 사용하기도 했다.

김: 이태원에 위치한 탄츠바는 컬러조명을 사용해 상징색인 녹색을 공간 전체에 녹였다. 같은 공간이라 함께 계획한 클럽 파우스트에서 음악을 즐길 수 있도록 최소한의 빛을 기능적으로 배치했다면 탄츠바는 상대적으로 조명을 과감히 활용했다. 조명은 독일에서 가져온 직관형 T5 컬러조명이다. 제품 자체는 가느다란 형태지만 여러 개를 철망^{metal lath}에 담고 그 자체를 천장에 설치해 부피감 있는 녹색빛을 만들었다. 빛으로 공간의 강약을 조절하기 위한 방법이다.

강: 디멘션 랩은 일반적인 가구매장과는 차별화를 두고자 '랩'이라는 이름에서 느껴지는 연구실의 시크한 느낌을 살리려 했다. 그래서 전체적으로 6000K의 청백색 빛으로 차가운 분위기를 연출하고 갤러리에서 작품을 전시하듯 제품마다 조명을 배치했다. 또 쇼룸에서 지하 1층으로 내려가는 계단실은 가구를 조형물처럼 관람하도록 조성했다. 해체된 가구 자재와 함께 공간을 푸르게 물들인 컬러조명은 자칫 딱딱하게 보일 수 있는 쇼룸의 분위기를 환기시킨다.

감: 그밖에 조명을 활용하는 아티펙트만의 노하우가 있다면?

김: 하나은행 삼성동 별관 지하에 있는 오디오 브랜드 아스텔앤컨의 쇼룸과 서점인 북앤디자인은 내부까지 사람들을 유입하기 위한 장치로 직선의 조명을 사용했다. 이곳은 국내 최초의 슬로우뱅크 프로젝트로 오후 4시면 문을 닫는 은행 건물의 활용에 대한 다양한 아이디어를 제안하기 위해 늦은 시간까지 사람이 머물고 싶은 공간을 만들고자 계획됐다. 아스텔앤컨과 북앤디자인은 여러 프로그램 중 하나로 음악을 듣고 책을 읽을 수 있다.

매장은 깊숙한 곳에 자리한 데다 길쭉해서 손님이 찾기 어려웠다. 게다가 안쪽은 단차까지 있어 자칫하면 답답하게 느껴질 수 있었다. 그래서 가장 단순한 형태인 선 조명으로 군집을 만들어 동선을 유도했다. 불규칙적으로 하나의 흐름을 만듦으로써 손님을 가장 깊숙한 곳까지 안내한다.

감: 사보텐 콘셉트 스토어는 한 공간을 세 구역으로 나누고 구역마다 다른 조명과 가구를 배치했다.

강: 사보텐 콘셉트 스토어는 레스토랑이자 같은 건물의 호텔 투숙객에게 조식을 제공하는 공간이다. 그래서 실을 나누는 대신 사용자를 단체, 가족, 1인 단위로 구분하고 각 유형에 어울리게 공간을 계획해 자유롭게 활용하도록 했다.

입구에서 우측에 자리한 단체석은 사적인 공간을 만들고자 의자의 등받이를 190cm로 높게 제작해 가구 자체가 칸막이벽처럼 쓰이도록 했다. 조명은 젓가락의 직선 형태를 모티브로 한 금속 펜던트를 이용해 고급스러운 분위기를 연출했다. 매장의 중심은 금속 구조물로 바 테이블을 만들어 1인 손님이 둘러앉을 수 있도록 하고 구조물 위로 식물과 필라멘트 조명을 설치해 공간을 화사하게 밝혔다. 가족 단위 손님은 4인 테이블로 안내하고 자리마다 조명을 배치하여 독립적인 분위기에서 대화와 식사에 집중하도록 했다. 벽으로 실을 구분하면 쉽겠지만 높은 층고를 유지하면서 통일감을 갖기 위해 유형에 따라 다른 가구와 조명을 배치했다.

사보텐 콘셉트 스토어

설계 강예경 (ARTEFACT)
위치 서울특별시 용산구 이태원동
연면적 228.41m²
마감 에퀴톤, 타일, 목재 바닥재
완공 2016년 10월
사진 여인우

사용한 조명

단체석
전구사양 LuxLAM G9 LED
제조사 혜광인터네셔널
소재 금속

1인석
전구사양 LuxLAM 에디슨 전구
제조사 혜광인터네셔널
소재 금속

벽 펜던트
전구사양 LuxLAM Bulb LED
제조사 혜광인터네셔널
소재 금속, 시트

강예경, 김형진(아티펙트 공동대표)
강예경은 건국대학교 실내디자인학과를 졸업하고 VOID PLANNING 스튜디오에서 5년간 실무 경험을 쌓았다. 현재 아티펙트의 대표 디자이너다. 김형진은 그래픽, 모션 디자이너로 국내외 다양한 공연과 전시를 디자인했고 공연 기획, 무대 디자인 등 여러 프로젝트를 진행했다. 2016년 아티펙트를 창립하고 기획자이자 프로듀서로 활동 중이다.

아스텔앤컨 쇼룸과 북앤디자인은 사람을 유입하기 위한

interview
3

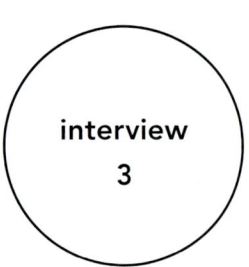

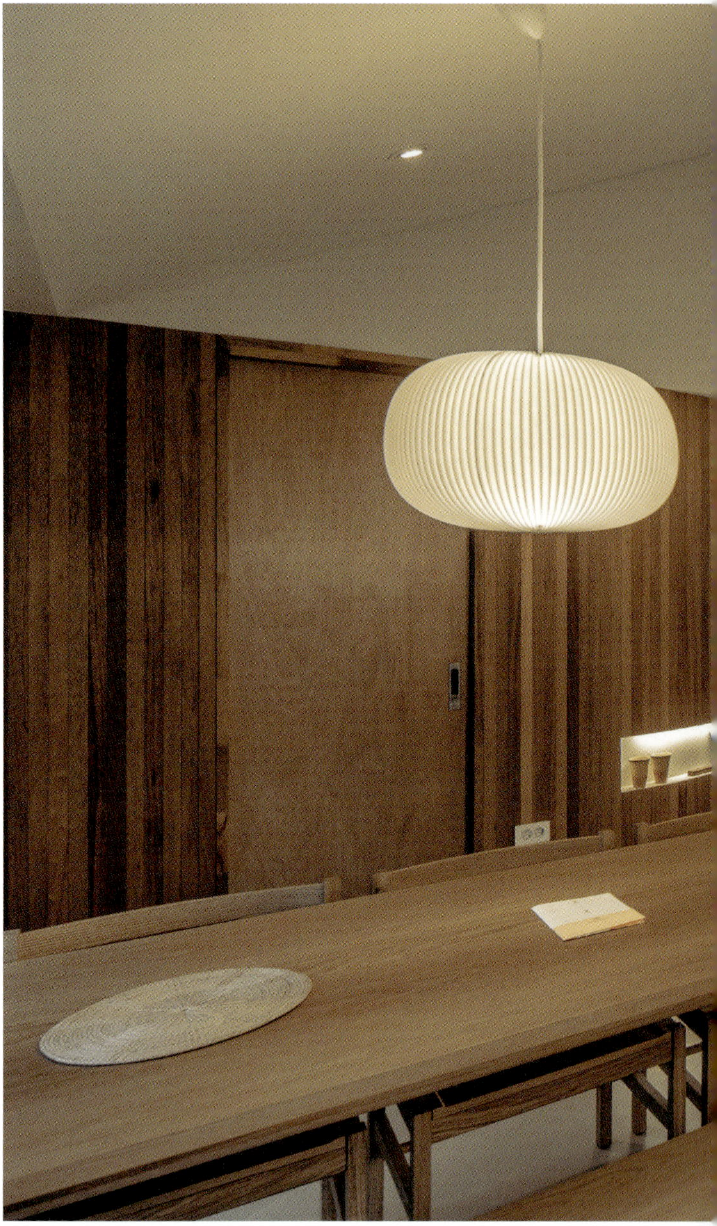

공간을 안락하게 만드는 조명의 비밀

–

노경록, 박중현
지랩 공동대표

–

지랩은 스테이 소도, 연희동 모여집 등 다양한 프로젝트를 통해 머무르고 휴식하는 공간을 계획했다. 그들은 완성된 공간에서 생활할 건축주, 하루 남짓 머무르는 투숙객의 발자취를 상상하며 도면 위로 색연필을 꾹꾹 눌러 빛을 계획한다. 잠시지만 편히 쉬어갔으면 하는 바람에서 비롯된 배려다. 인터뷰 **정신오**

감씨(감): 공간에서 조명의 역할은 무엇인가?

박중현(박): 빛은 향, 음악과 함께 공간을 채우는
존재다. 마감재처럼 물리적으로 형태를 계획할
수는 없지만 조명 기구나 방식에 조금만 신경 쓰면
얼마든지 공간을 돋보이게 할 수 있다. 하지만 아무도
자세히 가르쳐주지 않는다. 건축사사무소에서도
전기 업체에 맡기면 알아서 골라주기 때문에 크게

신경 쓰지 않는다. 우리도 많은 착오를 겪었고 여전히
할 때마다 어렵다. 하지만 해가 지고 어둠만 남은
공간을 지배하는 것은 결국 조명이다. 그래서 마감재,
가구 못지않게 중요하다. 게다가 상대적으로 큰
비용을 들이지 않더라도 일상에서 활용할 수 있으니
적극적으로 이용하면 좋겠다.

스테이 소도는 제주 옛집의 형상을 현대적인 관점으로 재해석해 두 동으로 계획했다.
사진은 B동. 둘만의 시간을 오롯이 즐길 수 있도록 따뜻한 분위기의 방과 욕실을 마련했다.

스테이 소도

설계 지랩
위치 제주특별자치도 제주시 성산읍 우도면
연평리
대지면적 880m²
연면적 88.16m²
규모 지상 1층
구조 철근콘크리트조
마감 알루미늄 징크, 테라코타, 종석뜯기
완공 2018년 10월
사진 TEXTURE ON TEXTURE

사용한 조명

주방
전구사양 조명 일체형 – 3000K
품명 PIP1200 (전구 일체형)
제조사 라이마스
소재 흑니켈 무광도상 알루미늄

거실
전구사양 Philips E27/20W
품명 Lamella 1 Suspension Lamp
제조사 Le Klint
소재 종이

침실 1
전구사양 조명 일체형 – 3000K
품명 주문제작
제조사 라이마스
소재 크롬 무광도장 알루미늄

침실 2
전구사양 조명 일체형
품명 Evoke wall lamp large
제조사 Gerstal
소재 반투명 플라스틱

감: 주거 공간과 스테이를 계획할 때는 무엇을 중점적으로 고려하나?

노경록(노): 주거 공간과 스테이 모두 머무르고 휴식하는 공간이지만 사용자와 거주 기간이 다른 만큼 신경 써야 할 부분이 다르다. 주거 공간은 건축주가 생활하는 곳이기에 개인적인 성향과 취향을 많이 반영한다. 오랜 시간을 보내기 때문에 친근하고 익숙하게 계획해야 한다. 하지만 스테이는 새로운 경험을 하고자 방문하는 공간인 만큼 우리가 주도적으로 방향을 잡고 다양한 시도를 한다.

감: 설계할 때 고려하는 차이가 조명 계획에도 반영되나?

박: 어느 공간이든 사용자의 동선을 고려하고 행태를 예상해서 빛이 필요한 곳에 조명을 배치한다. 스테이에 방문하는 투숙객은 대개 오후 4시쯤 입실해서 다음 날 오전 11시에 퇴실한다. 주거보다 머무르는 시간이 짧으니 일어날 수 있는 행태도 제한적이라 좀 더 구체적으로 설계할 수 있다. 그래서 활동마다 어떤 빛 환경이 좋을지 세심하게 고민한다. 가령, 주방은 요리하는 모습을 강조하기 위해 사람을 향하도록 조명을 계획했다면 다이닝 공간은 식사를 하면서 도란도란 이야기를 나눌 수 있도록 테이블을 비춘다. 이런 식으로 공간에서 일어날 수 있는 일들을 일련의 시나리오로 그리다 보면 강조해야 할 요소가 정해지고 그곳에 조명을 배치한다.

노: 통제 방식에도 차이가 있다. 주거 공간의 경우 처음에는 낯설어도 생활하다 보면 습관처럼 익숙해져 스위치의 위치에 큰 제한이 없다. 반면 호텔이나 스테이처럼 처음 방문한 공간은 짧은 시간 동안

얼마만큼의 사용성을 갖느냐도 함께 신경 써야 한다. 초기에는 주거에서처럼 문 옆에 스위치를 배치하는 등 소극적으로 시도했다. 지금은 활동과 위치에 따라 영역을 나눠 한 곳에서 여러 공간의 조명을 통제하거나 출입구에서 일괄소등하는 등 제어 시스템을 적극적으로 활용한다.

감: 조명을 계획할 때 고려하는 기준이 있나?

박: 특별한 기준은 없다. 대신 천장도를 그릴 때 빛의 밝기와 퍼지는 면을 색연필로 직접 칠해 하나하나 확인한다. 항상 정확하지는 않지만 여러 시행착오를 거치며 크기나 깊이를 어느 정도 가늠할 수 있게 됐다. 도면에 일일이 빛의 밝기와 퍼지는 정도를 표시하면서 조명의 위치를 정하다 보면 자연스럽게 조명 기구도 결정된다.

노: 초기에 계획을 잡아도 전기 업체, 건설사를 거치며 제품이 바뀌는 경우가 대부분이다. 우리는 애초에 공간을 생각하면서 조명 기구를 고르기 때문에 크게 바뀌지 않는다.

박: 다음으로 밝기와 색온도를 정한다. 요리하는 카페나 레스토랑은 음식의 색을 확인하기 위해 6000K 이상을 쓰기도 하지만 스테이는 편안한 분위기를 내기 위해 3000~4000K를 사용한다.

노: 같은 조건의 빛도 마감재의 소재나 색에 따라 다르게 보일 수 있다. 제주도의 스테이 송당일성은 두 개의 방에 같은 조명을 계획했지만 마감이 달라서 빛의 밝기가 다르게 보였다. 그래서 시공한 후에 다시 한번 빛을 점검해서 조명을 교체하거나 보조등을 추가하는 보완 작업을 했다.

연희동 모여집 전경.

모여집

설계 지랩
위치 서울특별시 서대문구 연희동
대지면적 145m²
연면적 230.66m²
규모 지상 4층, 지하 1층
구조 철근콘크리트조
마감 알루미늄 징크, 고벽돌타일,
　　　콘크리트 치장마감
완공 2016년 12월
사진 이병근

사용한 조명

주방

전구 사양 조명 일체형
품명 PIP1200 (전구 일체형)
제조사 라이마스
소재 알루미늄 위 지정색 도장

거실

전구사양 이케아
품명 PH5
제조사 루이스 폴센
소재 철재

감: 2010년도까지만 해도 가정집에서는 천장에 부착하는 천장등을 주로 사용했다면 최근에는 스탠드, 펜던트, 벽등 같은 공간 분리형 조명을 많이 활용한다.

노: 여러 사람이 함께 사는 집에서는 전체를 환하게 밝히기 위해 매입형 조명을 많이 사용한다. 일반적으로 우리나라의 주택은 밝은 조명을 선호했다. 하지만 점점 1인 주거가 늘어나고 라이프스타일에 신경을 쓰면서 조명 하나를 설치하더라도 특별한 제품을 원하는 추세다. 결국 가구처럼 조명도 취향과 트렌드의 차이다. 나와 이상묵 공동대표가 사는 연희동 모여집은 둘의 취향이 극명하게 드러난다. 다양한 방식을 선호하는 이 대표는 펜던트, 트랙조명 등 여러 유형을 사용한 반면 나는 조명을 단순하게 계획하여 간접등과 공간을 비추는 보조등을 배치했다.

감: 공간 분리형 조명의 장점은 무엇인가?

노: 매입형이 천장 중심에 설치돼 한 번에 공간 전체를 밝혔다면 분리형은 구역별로 설치해 하나의 공간을 빛만으로 조닝할 수 있다. 공간 분리형 조명은 전체를 밝히기 어렵거나 설비가 많은 자리를 차지하는 경우에 활용하기 좋다. 물리적 경계 없이도 영역을 구분할 수 있으니 듀플렉스 하우스같이 좁은 주거 공간에 효과적이다. 조명 브랜드 라이마스와 공동 개발한 피프는 하나의 펜던트로 직접·간접 방식을 모두 쓸 수 있어 좋다. 실제로 피프를 주방 아일랜드 테이블에 설치해 사용하고 있다. 평소에는 간접조명으로 쓰다가 작업을 할 때는 주변을 어둡게 하고 직접조명으로 바꾼다.

매입형과 공간 분리형 모두 각각의 장점이 있으니 필요에 따라 둘을 혼용하는 것이 가장 이상적이다.

모여집 다이닝 공간에 쓰인 피프. 평소에는 간접조명으로 쓰다가 작업을 할 때는 주변을 어둡게 하고 직접조명으로 바꾼다.

감: 자연채광과 조화를 이루도록 하는 노하우가 있다면?

박: 화장실에서 가장 사진이 잘 나온다는 말이 있다. 색온도가 다른 빛과 섞이지 않아서다. 자연광과 인공광 모두 다른 조건의 빛이 섞이지 않았을 때 색과 상을 또렷하게 비춘다.

제주도에 설계한 스테이 대부분은 아름다운 풍경을 내부로 들이기 위해 개구부를 크게 계획했다. 자연스럽게 채광이 많아졌지만 우리가 머무르고 휴식하는 공간에 계획하는 조명은 자연광과는 조금 차이가 있다. 자연광은 푸른색에 가까운데 스테이에서 쓰는 조명은 3000~4000K의 주황색으로 색온도가 달라 자연광을 어색하게 만든다. 의도적으로 색온도를 맞추기보다 자연광은 살리면서 어두운 부분에 조명을 계획하는 편이다.

감: 새로 시도하고 싶거나 도입됐으면 하는 조명이 있다면?

노: 조명을 교체하다 보면 주변은 때가 탔지만 설치돼 있던 곳은 깨끗해 이질감이 드는 부분이 생긴다. 면적이 크지 않으면 브래킷 커버를 사용해 가릴 수 있다. 하지만 대부분 천장과 같은 배경으로 인식하다 보니 제대로 투자를 해 제작하지 않는다. 선택지가 없어 기성품에 도장만 해서 사용하기도 하는데 이럴 경우 펜던트와의 조화가 깨진다. 기회가 된다면 브래킷 커버도 조명과 동떨어지지 않으면서 미려하게 디자인하고 싶다.

박: 국내에서 조명을 설치하려면 선을 빼고 브래킷 커버를 고정하는 등 작업이 복잡하다. 하지만 유럽에서는 천장에 플러그를 뽑고 꽂는 식으로 조명을 설치한다. 우리나라에서 조명은 이제 막 주목받기 시작했다. 그래서 제품이나 부품이 다양하지 않다. 앞으로는 단순 조명 기구뿐 아니라 설치 방식이나 다른 부품에도 관심을 가져 더 다양한 제품이 개발됐으면 좋겠다.

빛은 마감재처럼 물리적으로 형태를 계획할 수는 없지만 조명 기구나 방식에 따라 얼마든지 공간을 돋보이게 할 수 있다.

노경록, 박중현(지랩 공동대표)
지랩은 공간 디자인과 브랜딩은 물론 자체 숙소 브랜드를 운영하는 등 공간을 형성하고 지속하는 전반적인 과정을 고민하는 건축사사무소다. 지랩을 이끄는 노경록, 박중현, 이상묵은 개개인의 라이프스타일에 맞는 브랜드를 창출하고자 고민하고 새로운 시도를 망설이지 않는다.

스테이 소도 속 투숙객의 그림자를 즈려밟다

스테이 소도는 우도의 소박하고 아름다운 풍경을 담으며, 제주 옛집의 형상을 현대의 관점에서 재해석하여 작은 두 동으로 만들어졌다. A동은 거실과 주방 그리고 작은 욕실이 마련된 침실이 있다. 거실과 주방은 앞, 뒤로 넓게 펼쳐진 우도 바다와 제주의 풍경, 작은 밭과 옹기종기 모여있는 마을을 파노라마처럼 담아낸다. B동에는 둘만의 시간을 오롯이 즐길 수 있는 따뜻한 분위기의 방과 욕실을 마련했다. 침대에 누워 낮은 창문 넘어 고요한 우도 마을을 보며 잠들길 바란다. 지랩에서 추천하는 가이드를 통해 스테이 소도 안에서의 하루를 따라가 보았다. 각 공간에 쓰이는 조명도 브랜드, 제품명, 성능 순으로 안내하니 안락한 공간을 연출하고 싶다면 참고하자.

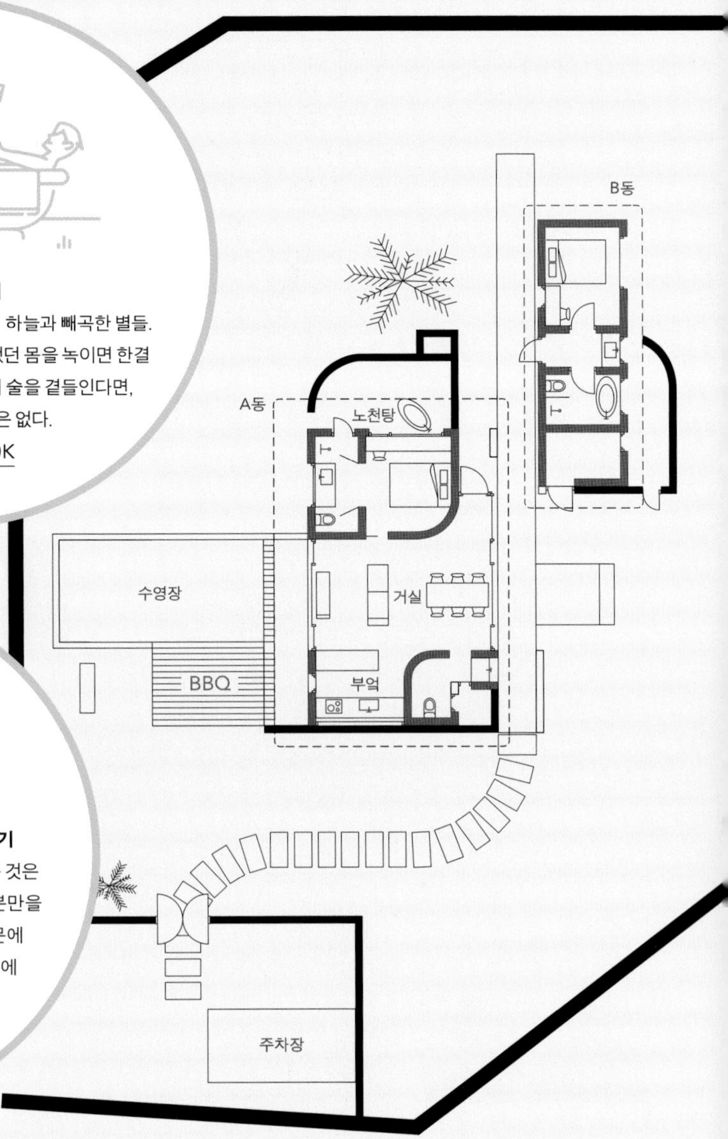

노천욕 즐기기
고요한 우도의 밤. 검푸르게 칠해진 하늘과 빼곡한 별들.
그들을 배경으로, 욕조에서 노곤했던 몸을 녹이면 한결
가벼워질 것이다. 거기에 한 잔의 술을 곁들인다면,
그보다 더 좋은 시간은 없다.
투사등 – 3000K

B동

A동

노천탕

수영장

거실

BBQ

부엌

스테이 책 중에 마음에 드는 문구로 책갈피 만들기
두껍고 촘촘한 글이 가득한 책이라도 가슴에 와닿는 것은
두세 문장 정도의 글귀일 것이다. 우리는 가끔 그 부분만을
다시 읽기 위해 책을 뒤지기도 한다. 어떠한 점 때문에
마음에 들었는지 당신만의 이야기도 적어보자. 후에
다른 사람들도 공감할 수 있도록.
MUUTO | Control Table Lamp

주차장

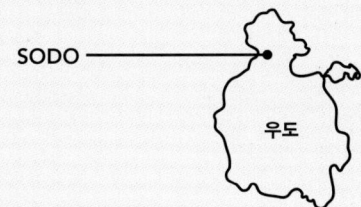

우도

우도 땅콩과 함께 우도 막걸리 마시기
술과 밤, 흔하디 흔한 조합이지만, 우도의 특산품으로 만든
술을 홀짝이며 특별한 시간을 가져보자. 고소한 향과
부드러운 목넘김은 우도 막걸리만의 특징이다.
Le Klint | Lamella 1 suspension
Lamp – 3000K

커피와 차 직접 내려 마시기
평소에 차와 커피를 단순히 밀려오는 피곤함을 밀어내기
위해서만 마시지 않았는지… 가끔은 직접 손으로
내려야만 느낄 수 있는 향과 맛 그리고 여유로움을
맘껏 만끽해 보자.
LIMAS | PIP1200 - 3000K

우도에서 장 보고 요리하기
날이 저물기 전, 마트에서 장을 보고 요리하는 시간을
가져보자. 화려하지 않은 음식이라도 좋다. 같이 만들어
보는 따뜻한 추억만으로 충분한 포만감을
느낄 수 있다.
LED T5 - 3000K

5

SUPPLEMENT

도서 재판일(2025년 1월)을 기준으로 운영하지 않거나 표기된 정보의
변경이 있는 업체도 있으니 반드시 확인하도록 하자.

빛을 계획하는 조명디자이너 8

앞서 조명을 계획하는 과정과 고려 요소를 살펴보았다. 부록에서는 다년간의
경험을 통해 도시와 공간의 빛을 계획하는 조명 설계회사를 소개한다. 이 여덟 곳은
한국조명디자이너협회에서 추천한 회사다. 그밖에 조명 계획과 조명 디자이너에 대한
정보는 한국조명디자이너협회의 홈페이지에서 확인할 수 있다.

취재협조 **한국조명디자이너협회** 홈페이지 **www.kald.org**

이온에스엘디㈜

'이온(以溫)'은 '따뜻함으로'라는 뜻으로
이온에스엘디는 기능적 해석보다는 인간의
감성을 중요시하고 공간의 문화적 역할을
반영해 빛을 계획한다. 잠실 롯데월드타워,
힐링스테이 코스모스 리조트 등의 실내와
실외, 경관조명을 설계했고 서울시의 조명
계획 가이드라인을 제안한다.

대표프로젝트	잠실 롯데월드타워
주작업	경관, 실내, 조경
홈페이지	www.eonsld.com
전화번호	02-3477-9575~6
이메일	info@eonsld.com

비츠로앤파트너스

1998년 창립한 비츠로앤파트너스는 빛을
통한 공간의 풍성함과 생활의 질적 향상을
목표로 한다. 2017년 경복궁의 조명을
계획했고 그밖에도 도시경관, 조경, 건축
및 인테리어 등 모든 공간의 빛을 설계하고
디자인 감리를 진행한다.

대표프로젝트	경복궁
주작업	경관, 실내, 조경
홈페이지	bitzro-partners.com
전화번호	02-3147-0116
이메일	bitzro@bitzro.co.kr

MAVERICKS

메버릭스는 기존의 틀에서 벗어나 끊임없이 새로운 시도를 선보인다. 1999년 설립 이래 1,200여 개의 다양한 프로젝트를 수행했다. 국립현대미술관 서울관의 조명을 설계했고, 그밖에 경관과 실내, 조경의 조명을 계획한다.

대표프로젝트	ARC PLACE, 국립현대미술관 서울관
주작업	경관, 실내, 조경
홈페이지	www.mavericks.co.kr
전화번호	02-3425-0508
이메일	mld@chol.com

㈜피투엘이디큐브

피투엘이디큐브는 좋은 조명 디자인은 기능과 미적 측면뿐 아니라 즐거움, 편안함과 같은 심리적 쾌적함을 제공해야 한다고 말한다. 인천국제공항 제2여객터미널의 실내조명을 설계했고 그 밖에 국내외 건축과 인테리어, 조경, 조형물의 조명을 계획한다.

대표프로젝트	인천국제공항 제2여객터미널
주작업	경관, 실내, 조경
홈페이지	www.p2ledcube.com
전화번호	02-3444-9711
이메일	mail@p2ledcube.com

디엔씨디자인

디엔씨디자인은 2010년에 설립돼 "Even in lights, there is a quality" 라는 슬로건을 토대로 감성적인 빛을 디자인한다. 김강운 대표의 다년간의 경험을 바탕으로 2017년 제주 신화월드, 2018년 평창동계올림픽 강릉올림픽파크의 조명을 설계했다.

대표프로젝트	제주신화월드(2017)
주작업	경관
홈페이지	–
전화번호	02-533-2560 010-6214-9907
이메일	kangwoon2000 @hanmail.net

라이팅스튜디오 사드

라이팅스튜디오 사드(Lighting studio SAAD)는 빛과 사람, 사람과 공간, 공간과 공간 간의 폭넓은 이해를 통해 빛 환경을 연구하고 기능과 심리적으로 쾌적한 빛 환경을 제안한다. 삼성파로스호텔의 조명을 설계했으며 실내와 경관, 조경의 빛을 계획한다.

대표프로젝트	성심원, 삼성파로스호텔
주작업	경관, 실내, 조경
홈페이지	designsaad.com
전화번호	010-3394-9826
이메일	skkim@designsaad.com

㈜아이라이트

(주)아이라이트는 2000년 5월 설립 이래로 설계, 연구개발(R&D), 측정, 가이드라인, 환경조명, 빛공해 환경영향평가 등 다양한 조명 컨설팅을 수행해왔다. 10년 이상 여러 프로젝트의 조명 설계를 통해 실내와 실외, 도로, 터널 등 폭넓은 설계 경험을 가지고 있다.

대표프로젝트	서울시 세종로 가로수 야간경관조명 연출(2009~10)
주작업	경관, 휘도 측정
홈페이지	www.ilightdesign.co.kr
전화번호	02-511-4835
이메일	ilight2000@daum.net

디자인스튜디오 라인

디자인스튜디오 라인은 기능 위주의 조명 계획을 넘어서 그 이상의 감성을 이끌어내도록 세심하게 계획한다. 기능과 디자인에 중점을 둔 조명 기구와 시스템을 선정한다. 또한 프로젝트 예산에 근거한 효율적 설계, 조명제어와 유지보수 비용에 대한 고려를 통해 합리적인 조명설계를 진행한다.

대표프로젝트	신세계스타필드 하남
주작업	경관, 실내, 조경
홈페이지	www.lighn.com
전화번호	02-515-5844
이메일	lighn@lighn.com

이색적인 조명 쇼룸 4

조명은 인터넷으로 검색하면 얼마든지
다양한 제품을 찾을 수 있다. 또 을지로나
논현동은 조명거리라 불릴 정도로 많은
전시장이 있다. 부록에서는 수많은 전시장
중 개성있는 기준으로 조명을 선택하고
공간에 효과적으로 활용할 수 있도록 돕는
네 곳의 쇼룸을 소개한다. 글 정신오

**독특한 디자인과 재료가 돋보이는
빈티지 조명**

귀뚜라미 디자인

한남동의 한적한 골목에 자리한 귀뚜라미 디자인 쇼룸은 이성혜 대표가 세계 곳곳을
돌아다니며 직접 고른 유일무이 빈티지 조명을 선보이는 곳이다. 대부분의 제품은
이탈리아 무라노 섬에서 수공예로 만든 유리, 아크릴 소재로, 투명한 소재에 빛이
투과되는 모습이 인상적이다.

　　여러 디자인의 제품을 갖추고 있어 가정, 카페나 레스토랑, 클럽 등 용도와 분위기에
어울리는 조명을 선택할 수 있다. 1960~1980년대의 화려한 조명은 보는 것만으로도
즐겁지만 국내에서 쉽게 찾을 수 없는 소재와 그에 얽힌 이야기를 살피는 것은 또 다른
재미다.

　　쇼룸에서는 시즌에 따라 주제를 정하고 그에 맞는 제품을 전시한다. 모든 제품은
직원이 직접 현장에 방문해 마감재와 분위기에 어울리는 적절한 크기와 소재, 가격대의
제품을 추천하는 맞춤 상담을 거쳐 구매할 수 있다. 공간뿐 아니라 특별한 프로젝트나
이벤트에 대한 컨설팅도 가능하다. 또 시공을 원한다면 전기공사 업체도 추천받을 수
있다.

주소	서울특별시 용산구 이태원로54길 78 1층
운영시간	예약제
연락처	02-6082-1010, guiturami@gmail.com
홈페이지	guiturami.com
제공서비스	조명 판매, 상담, 시공업체 추천

쓸수록 가치를 알아가는
유럽 수입 조명

두오모

두오모Duomo&Co.는 조명, 가구, 타일, 바닥재 등 주거 공간을 이루는 여러 재료를 유럽 브랜드에서 수입해 소비자에게 소개한다. 조명과 가구는 4층 규모의 논현동 쇼룸에서 만날 수 있다. 2~3층은 조명 위주로 전시돼 있어 다양한 제품을 한 공간에서 비교할 수 있고, 1층은 가구와 함께 배치해 둘의 조화를 확인할 수 있다.

주로 아르떼미데artemide나 톰딕슨Tom Dixon, 플로스FLOS 등 형태는 단순하지만 현대적이고 세련된 조명을 선보이고, 한정판 제품도 만날 수 있다. 예를 들어, 1967년 플로스에서 선보인 스누피snoopy는 만화 캐릭터 스누피의 얼굴형을 닮은 비정형의 조명부와 안정감을 주도록 살짝 기울어진 원통 기둥이 어우러진 독특한 제품으로, 2018년 탄생 50주년을 기념해 한정판 1,700개가 출시됐다. 기존의 제품이 전체적으로 광택이 있었다면 이 제품은 매트한 질감으로 대리석 몸체가 대비되어 색다른 분위기를 연출한다.

쇼룸에서는 조명을 효과적으로 활용할 수 있도록 전문 디자이너가 상담을 진행하기도 하며, 설치 서비스를 받을 수 있다. A/S 보증 기간은 구입 후 1년이다. 단, 개인의 실수로 인해 발생하는 파손은 제외된다.

주소	서울특별시 강남구 논현로 132길 25
운영시간	월~금 9시~18시, 토 10시~18시
연락처	02-6958-9222
홈페이지	duomo.co.kr
제공서비스	판매, 상담, 시공, A/S
대표 제품	아르떼미데, 플로스, 비비아

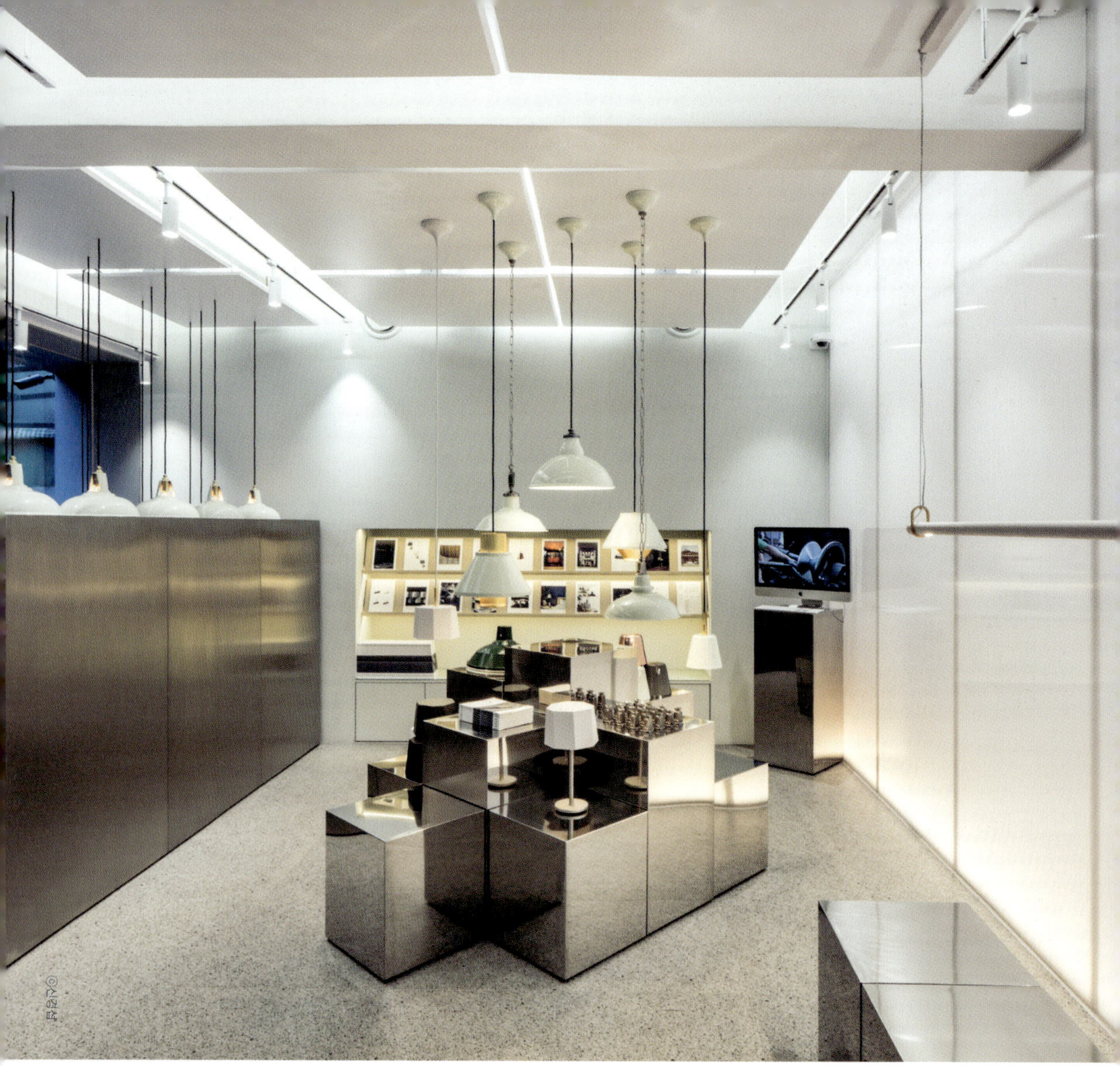
©신경섭

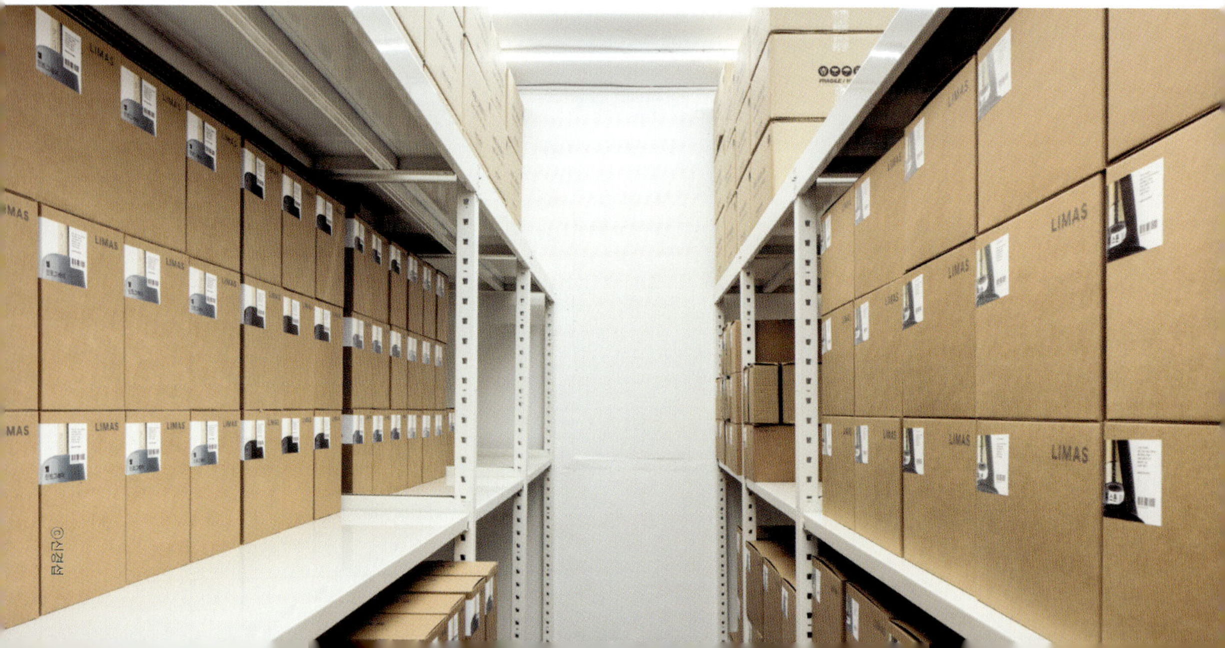
LIMAS
LIMAS
LIMAS
©신경섭

**트렌드에 발빠르게 대응하는
디자인 조명**

라이마스

특별한 기준 없이 즐비하게 진열한 조명 전시장에서 내 공간에 맞는 조명을 고르기란
쉽지 않다. 이에 곽계녕 대표는 2018년 1월 원남동에 쇼룸을 열어 소비자와 마주하는
자리를 마련했다. 1985년 삼일전구 시절부터 사용하던 사무실을 개조해 만든 이곳은
1층을 쇼룸, 지하 1층을 조립 공장, 2층을 디자인 사무실로 운영하고 있다.

쇼룸에서는 2011년부터 직접 디자인하고 생산한 조명을 보고 구매할 수 있다.
제품은 최근 유행하는 현대적인 인테리어 트렌드에 맞춘 디자인으로 유광과 무광,
원색과 파스텔 톤 등 광택과 색이 다양하다. 전시장에 없는 색상은 쇼룸에 구비된 컬러
샘플을 통해 느낌을 확인할 수 있다.

쇼룸을 방문하면 조명을 설치할 때의 주의사항과 적정 수량을 모형과 시각적 자료를
통해 자세히 상담해 준다. 이를 바탕으로 제품에 따라 사용하는 가구와 어떤 비례감을
갖는지 확인할 수 있으니 참고하자. 그밖에도 홈페이지를 통해 조명을 사용하면서
알아두어야 할 기초적인 정보도 안내한다. 쇼룸은 평일 오전 9시부터 오후 6시까지
운영한다.

주소	서울특별시 종로구 창경궁로20길 6
운영시간	월~금 9시~18시
연락처	02-762-3131 / office@limas.co.kr
홈페이지	www.limas.co.kr
제공서비스	조명 판매, 상담
대표 제품	피프, 혹스톤

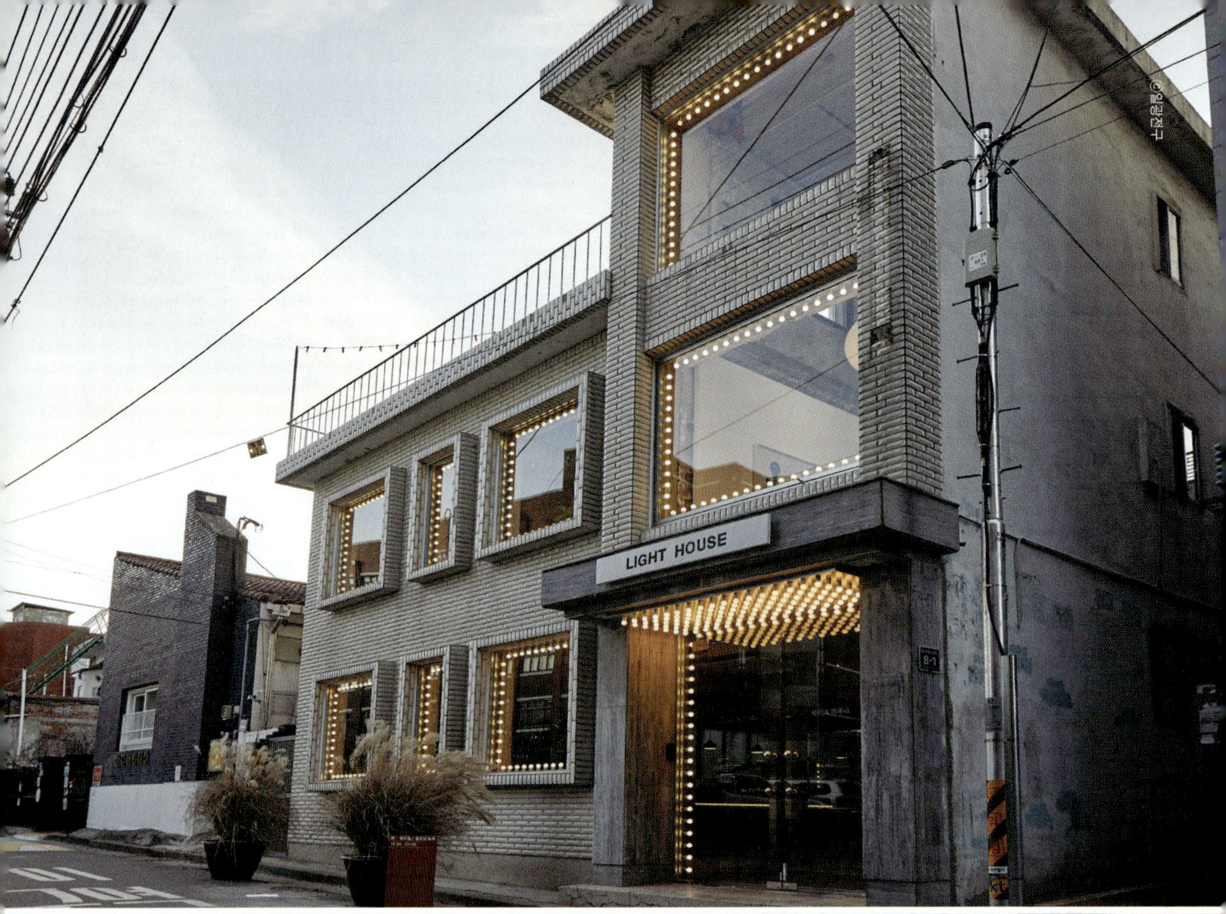

©일광전구

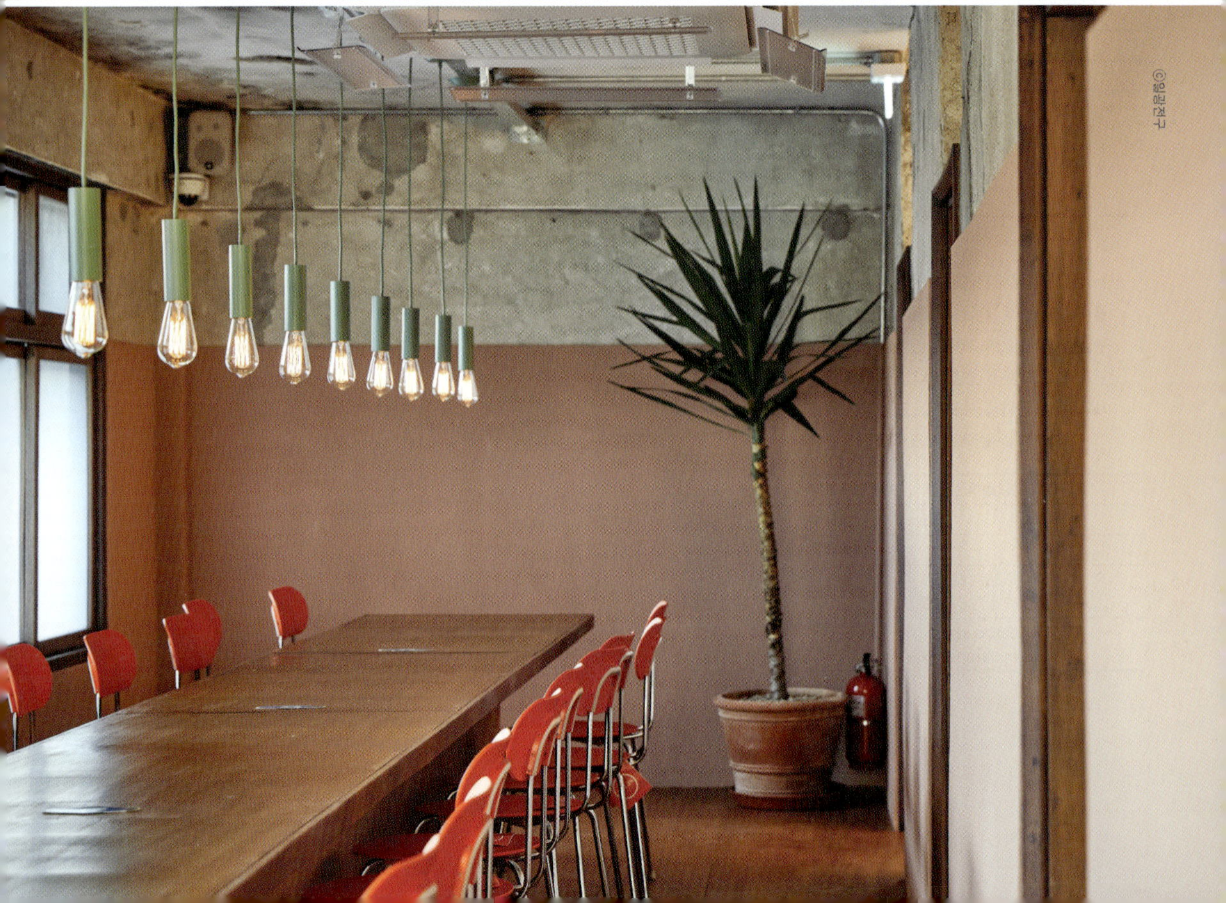

©일광전구

**공간으로 느끼는 빛,
3세대 조명 쇼룸**

라이트하우스

1962년 설립되어 현재 국내 유일 백열전구 생산회사로 남은 일광전구가 2019년 인천 개항로에 조명 쇼룸 라이트하우스를 오픈했다. 과거 쇼룸이 제품의 종류를 최대한 많이 전시하는 데 집중했다면 최근에는 소비자가 좀 더 쉽게 고르도록 조명을 선택해서 선보이는 편집숍이 등장했다. 라이트하우스에서는 이보다 한 단계 더 나아가 카페라는 요소와 조명을 접목해 빛이 생활에 미치는 영향을 공간으로 느낄 수 있도록 한다. 일광전구의 권순만 디자인팀 팀장은 "손님들이 필요에 맞게 적절한 조명 배치를 선택해 일상을 풍성하게 만들 수 있음을 느끼고 돌아갔으면 한다"고 말한다.

이곳엔 일광전구가 생산하는 전구는 물론 조명 기구도 함께 만나볼 수 있다. 1970년대 일광전구가 백열전구를 생산하기 위해 사용하던 생산 설비, 전 세계의 감각적인 조명도 함께 전시돼 있다. 스페셜티 커피, 베이커리도 마련돼 있고 모든 제품을 할인된 가격으로 만날 수 있으니 참고하자. 쇼룸은 화요일에서 일요일, 오전 11시 30분부터 오후 9시 30분까지 운영한다.

주소	인천광역시 중구 참외전로174번길 8-1
운영시간	화~일 11시 30분~21시 30분
연락처	032-765-1962 / iklh.official@gmail.com
홈페이지	-
제공서비스	조명 할인 판매, 스페셜티 커피와 베이커리

단행본

- 조준현, 조민석.『건축재료학』. 기문당, 2017.
- 안자이 테쓰.『공간을 쉽게 바꾸는 조명』. 박은지(역). 마티, 2016.
- 김윤영.『반짝반짝 을지로』. 서울디자인재단, 2017.
- 박정미.『SIMPLE INTERIOR』. 디자인이음, 2016.

정기간행물

- 양정순, 김진희.「연령대별 가독(加讀)기능을 위한 실내공간의 백색 LED조명환경 연구」.『조명·전기설비학회논문지』, 제27권 제1호. 2013.
- 고태경, 김인태, 최안섭.「조명 시뮬레이션을 이용한 실내공간의 조명계획에 관한 연구」.『한국조명전기설비학회 추계학술대회 논문집』, 2013.
- 최유미.「LED와 건축화 조명디자인」.『대한건축학회 논문집 – 건축』, 2017년 04월호. 2017, 3, pp.48–52.

학위논문

- 이은미.「현대 건축공간에 있어 빛의 표현특성과 그 의미에 관한 연구」. 석사학위, 중앙대학교 건설대학원, 2003.

웹사이트

- 라이마스 www.limas.co.kr
- 서울정책아카이브 www.seoulsolution.kr
- 아키데이타 www.archidata.co.kr
- 이온에스엘디(주) www.eonsld.com
- 한국조명디자이너협회 www.kald.org